DROIT EN POCHE

Table de correspondance

Anciens/Nouveaux articles du Droit des contrats, du régime général et de la preuve des obligations réformé par l'ordonnance du 10 février 2016

Thibault Douville

Gualino
une marque de Lextenso

DROIT EN POCHE

Avertissement

Dans la colonne des articles issus de l'ordonnance du 10 février 2016 entrant en vigueur le 1er octobre 2016, figurent de manière non exhaustive les principaux rapprochements à opérer soit :

* avec un autre article issu de la réforme, ou

** avec une disposition préexistante (Code civil ou autres codes ; reprise, illustration ou dérogation).

Les articles du Code de la consommation mentionnés (entrée en vigueur le 1er juillet 2016) sont issus de l'ordonnance n° 2016-301 du 14 mars 2016 relative à la partie législative du Code de la consommation. Sauf mention contraire, les textes indiqués sont ceux du Code civil.

70, rue du Gouverneur Général Éboué
92131 Issy-les-Moulineaux cedex
ISBN 978-2-297-06078-3

Disposition transitoire
Article 9 de l'ordonnance n° 2016-131 du 10 février 2016 portant réforme du droit des contrats, du régime général et de la preuve des obligations « Les dispositions de la présente ordonnance entreront en vigueur le 1er octobre 2016. « Les contrats conclus avant cette date demeurent soumis à la loi ancienne. « Toutefois, les dispositions des troisième et quatrième alinéas de l'article 1123 et celles des articles 1158 et 1183 sont applicables dès l'entrée en vigueur de la présente ordonnance. « Lorsqu'une instance a été introduite avant l'entrée en vigueur de la présente ordonnance, l'action est poursuivie et jugée conformément à la loi ancienne. Cette loi s'applique également en appel et en cassation.

Articles abrogés à compter du 1er octobre 2016	Articles issus de l'ordonnance du 10 février 2016 entrant en vigueur le 1er octobre 2016
Titre III : Des sources d'obligations	
Art. 1370 « Certains engagements se forment sans qu'il intervienne aucune convention, ni de la part de celui qui s'oblige, ni de la part de celui envers lequel il est obligé. « Les uns résultent de l'autorité seule de la loi ; les autres naissent d'un fait personnel à celui qui se trouve obligé. « Les premiers sont les engagements formés involontairement, tels que ceux entre propriétaires voisins, ou ceux des tuteurs et des autres administrateurs qui ne peuvent refuser la fonction qui leur est déférée. « Les engagements qui naissent d'un fait personnel à celui qui se trouve obligé, résultent ou des quasi-contrats, ou des délits ou quasi-délits ; ils font la matière du présent titre.	**Art. 1100 – Sources des obligations** « Les obligations naissent d'actes juridiques, de faits juridiques ou de l'autorité seule de la loi. « Elles peuvent naître de l'exécution volontaire ou de la promesse d'exécution d'un devoir de conscience envers autrui.
	Art. 1100-1 – Actes juridiques « Les actes juridiques sont des manifestations de volonté destinées à produire des effets de droit. Ils peuvent être conventionnels ou unilatéraux. « Ils obéissent, en tant que de raison, pour leur validité et leurs effets, aux règles qui gouvernent les contrats.
	Art. 1100-2 – Faits juridiques « Les faits juridiques sont des agissements ou des événements auxquels la loi attache des effets de droit. « Les obligations qui naissent d'un fait juridique sont régies, selon le cas, par le sous-titre relatif à la responsabilité extracontractuelle ou le sous-titre relatif aux autres sources d'obligations.
Sous-titre 1er : Le contrat *Chapitre Ier : Dispositions liminaires*	
Art. 1101 « Le contrat est une convention par laquelle une ou plusieurs personnes s'obligent, envers une ou plusieurs autres, à donner, à faire ou à ne pas faire quelque chose.	**Art. 1101 – Définition du contrat** « Le contrat est un accord de volontés entre deux ou plusieurs personnes destiné à créer, modifier, transmettre ou éteindre des obligations.

	Art. 1102 – Liberté contractuelle et ordre public « Chacun est libre de contracter ou de ne pas contracter, de choisir son cocontractant et de déterminer le contenu et la forme du contrat dans les limites fixées par la loi. « La liberté contractuelle ne permet pas de déroger aux règles qui intéressent l'ordre public. [* Art. 1162 (ordre public), 1170 (clause contrariant l'obligation essentielle), 1356 (conventions sur la preuve) - Art. expressément impératifs : 1104, 1112-1, 1171, 1210, 1216, al. 2, 1231-5 , 1343-5 et 1363 ; Art. renvoyant à la volonté des parties : 1225, 1304-6 et 1304-7, 1336, 1343-1, 1352-3 et 1368 ** Art. 6 (ordre public)]
Art. 1134, al. 1 et 2 « Les conventions légalement formées tiennent lieu de loi à ceux qui les ont faites. « Elles ne peuvent être révoquées que de leur consentement mutuel, ou pour les causes que la loi autorise.	**Art. 1103 – Force obligatoire** « Les contrats légalement formés tiennent lieu de loi à ceux qui les ont faits.
Art. 1134, al. 3 « Elles doivent être exécutées de bonne foi.	**Art. 1104 – Bonne foi** « Les contrats doivent être négociés, formés et exécutés de bonne foi. « Cette disposition est d'ordre public. [*Art. 1112 et 1112-1 (comportement)]
Art. 1107 « Les contrats, soit qu'ils aient une dénomination propre, soit qu'ils n'en aient pas, sont soumis à des règles générales, qui sont l'objet du présent titre. « Les règles particulières à certains contrats sont établies sous les titres relatifs à chacun d'eux ; et les règles particulières aux transactions commerciales sont établies par les lois relatives au commerce.	**Art. 1105 – Droit commun/droit spécial** « Les contrats, qu'ils aient ou non une dénomination propre, sont soumis à des règles générales, qui sont l'objet du présent sous-titre. « Les règles particulières à certains contrats sont établies dans les dispositions propres à chacun d'eux. « Les règles générales s'appliquent sous réserve de ces règles particulières.
Art. 1102 « Le contrat est synallagmatique ou bilatéral lorsque les contractants s'obligent réciproquement les uns envers les autres. **Art. 1103** « Il est unilatéral lorsqu'une ou plusieurs personnes sont obligées envers une ou plusieurs autres, sans que de la part de ces dernières il y ait d'engagement	**Art. 1106 – Contrats synallagmatiques/unilatéraux** « Le contrat est synallagmatique lorsque les contractants s'obligent réciproquement les uns envers les autres. « Il est unilatéral lorsqu'une ou plusieurs personnes s'obligent envers une ou plusieurs autres sans qu'il y ait d'engagement réciproque de celles-ci. [*Art. 1375 (preuve), 1124 (promesse unilatérale de contrat) et 1168 (défaut d'équivalence)]

Art. 1106 « Le contrat à titre onéreux est celui qui assujettit chacune des parties à donner ou à faire quelque chose. **Art. 1105** « Le contrat de bienfaisance est celui dans lequel l'une des parties procure à l'autre un avantage purement gratuit.	**Art. 1107 – Contrats onéreux/gratuits** « Le contrat est à titre onéreux lorsque chacune des parties reçoit de l'autre un avantage en contrepartie de celui qu'elle procure. « Il est à titre gratuit lorsque l'une des parties procure à l'autre un avantage sans attendre ni recevoir de contrepartie. [* Art. 1169 (contrepartie illusoire ou dérisoire), 1326 (cession de créance) et 1341-2 (action paulienne)]
Art. 1104 « Il est commutatif lorsque chacune des parties s'engage à donner ou à faire une chose qui est regardée comme l'équivalent de ce qu'on lui donne, ou de ce qu'on fait pour elle. « Lorsque l'équivalent consiste dans la chance de gain ou de perte pour chacune des parties, d'après un événement incertain, le contrat est aléatoire. **Art. 1964** « Le contrat aléatoire est une convention réciproque dont les effets, quant aux avantages et aux pertes, soit pour toutes les parties, soit pour l'une ou plusieurs d'entre elles, dépendent d'un événement incertain. « Tels sont : « Le contrat d'assurance, « Le jeu et le pari, « Le contrat de rente viagère.	**Art. 1108 – Contrats commutatifs/aléatoire** « Le contrat est commutatif lorsque chacune des parties s'engage à procurer à l'autre un avantage qui est regardé comme l'équivalent de celui qu'elle reçoit. « Il est aléatoire lorsque les parties acceptent de faire dépendre les effets du contrat, quant aux avantages et aux pertes qui en résulteront, d'un événement incertain. [** Ex. art. 1965 (jeu et pari), 1968 (rente viagère) et C. assur., art. L. 113-1 (contrat d'assurance)]
	Art. 1109 – Contrats consensuels/solennels/réels « Le contrat est consensuel lorsqu'il se forme par le seul échange des consentements quel qu'en soit le mode d'expression. « Le contrat est solennel lorsque sa validité est subordonnée à des formes déterminées par la loi. « Le contrat est réel lorsque sa formation est subordonnée à la remise d'une chose. [* Art. 1172 ** Contrats solennels ex. : art. 931 (donation), 2336 (gage), 2356 (nantissement), 2416 (hypothèque) ; C. consom., art. L. 331-1 et L. 343-1 (caution personne physique) - Contrats réels : art. 1875 (prêt à usage) et 1892 (prêt de consommation)]
	Art. 1110 – Contrats de gré à gré/d'adhésion « Le contrat de gré à gré est celui dont les stipulations sont librement négociées entre les parties. « Le contrat d'adhésion est celui dont les conditions générales, soustraites à la négociation, sont déterminées à l'avance par l'une des parties. [* Art. 1119 (acceptation des conditions générales) et 1171 (clauses abusives)]

	Art. 1111 – Contrat cadre et d'application « Le contrat cadre est un accord par lequel les parties conviennent des caractéristiques générales de leurs relations contractuelles futures. Des contrats d'application en précisent les modalités d'exécution. [* Art. 1164 (prix)]
	Art. 1111-1 – Contrats à exécution instantané/ successive « Le contrat à exécution instantanée est celui dont les obligations peuvent s'exécuter en une prestation unique. « Le contrat à exécution successive est celui dont les obligations d'au moins une partie s'exécutent en plusieurs prestations échelonnées dans le temps. [* Art. 1229 (résolution)]
Chapitre II : La formation du contrat *Section 1 : La conclusion du contrat* *Sous-section 1 : Les négociations*	
/	**Art. 1112 – Régime de la négociation** « L'initiative, le déroulement et la rupture des négociations précontractuelles sont libres. Ils doivent impérativement satisfaire aux exigences de la bonne foi. « En cas de faute commise dans les négociations, la réparation du préjudice qui en résulte ne peut avoir pour objet de compenser la perte des avantages attendus du contrat non conclu. [* Art. 1104]
/	**Art. 1112-1 – Information précontractuelle** « Celle des parties qui connaît une information dont l'importance est déterminante pour le consentement de l'autre doit l'en informer dès lors que, légitimement, cette dernière ignore cette information ou fait confiance à son cocontractant. « Néanmoins, ce devoir d'information ne porte pas sur l'estimation de la valeur de la prestation. « Ont une importance déterminante les informations qui ont un lien direct et nécessaire avec le contenu du contrat ou la qualité des parties. « Il incombe à celui qui prétend qu'une information lui était due de prouver que l'autre partie la lui devait, à charge pour cette autre partie de prouver qu'elle l'a fournie. « Les parties ne peuvent ni limiter, ni exclure ce devoir. « Outre la responsabilité de celui qui en était tenu, le manquement à ce devoir d'information peut entraîner l'annulation du contrat dans les conditions prévues aux articles 1130 et suivants. [* Art. 1137 (dol)]

/	**Art. 1112-2 – Utilisation d'une information confidentielle** « Celui qui utilise ou divulgue sans autorisation une information confidentielle obtenue à l'occasion des négociations engage sa responsabilité dans les conditions du droit commun. [** Art. 1240]
Sous-section 2 : L'offre et l'acceptation	
/	**Art. 1113 – Rencontre de l'offre et de l'acceptation** « Le contrat est formé par la rencontre d'une offre et d'une acceptation par lesquelles les parties manifestent leur volonté de s'engager. « Cette volonté peut résulter d'une déclaration ou d'un comportement non équivoque de son auteur.
/	**Art. 1114 – Offre** « L'offre, faite à personne déterminée ou indéterminée, comprend les éléments essentiels du contrat envisagé et exprime la volonté de son auteur d'être lié en cas d'acceptation. À défaut, il y a seulement invitation à entrer en négociation.
/	**Art. 1115 – Rétractation avant réception** « Elle peut être librement rétractée tant qu'elle n'est pas parvenue à son destinataire. [** Ex. contraire : C. consom., art. L. 312-18 (crédit à la consommation)]
/	**Art. 1116 – Rétraction après réception** « Elle ne peut être rétractée avant l'expiration du délai fixé par son auteur ou, à défaut, l'issue d'un délai raisonnable. « La rétractation de l'offre en violation de cette interdiction empêche la conclusion du contrat. « Elle engage la responsabilité extracontractuelle de son auteur dans les conditions du droit commun sans l'obliger à compenser la perte des avantages attendus du contrat.
/	**Art. 1117 – Caducité de l'offre** « L'offre est caduque à l'expiration du délai fixé par son auteur ou, à défaut, à l'issue d'un délai raisonnable. « Elle l'est également en cas d'incapacité ou de décès de son auteur. [* Art. 1145 et 1146]
/	**Art. 1118 – Acceptation de l'offre** « L'acceptation est la manifestation de volonté de son auteur d'être lié dans les termes de l'offre. « Tant que l'acceptation n'est pas parvenue à l'offrant, elle peut être librement rétractée, pourvu que la rétractation parvienne à l'offrant avant l'acceptation. « L'acceptation non conforme à l'offre est dépourvue d'effet, sauf à constituer une offre nouvelle.

/	**Art. 1119 – Régime des conditions générales et particulières** « Les conditions générales invoquées par une partie n'ont effet à l'égard de l'autre que si elles ont été portées à la connaissance de celle-ci et si elle les a acceptées. « En cas de discordance entre des conditions générales invoquées par l'une et l'autre des parties, les clauses incompatibles sont sans effet. « En cas de discordance entre des conditions générales et des conditions particulières, les secondes l'emportent sur les premières. [* Art. 1110]
/	**Art. 1120 – Silence** « Le silence ne vaut pas acceptation, à moins qu'il n'en résulte autrement de la loi, des usages, des relations d'affaires ou de circonstances particulières.
/	**Art. 1121 – Théorie de la réception** « Le contrat est conclu dès que l'acceptation parvient à l'offrant. Il est réputé l'être au lieu où l'acceptation est parvenue.
/	**Art. 1122 – Délai de réflexion et de rétractation** « La loi ou le contrat peuvent prévoir un délai de réflexion, qui est le délai avant l'expiration duquel le destinataire de l'offre ne peut manifester son acceptation ou un délai de rétractation, qui est le délai avant l'expiration duquel son bénéficiaire peut rétracter son consentement.
Sous-section 3 : Le pacte de préférence et la promesse unilatérale	
/	**Art. 1123 – Pacte de préférence** « Le pacte de préférence est le contrat par lequel une partie s'engage à proposer prioritairement à son bénéficiaire de traiter avec lui pour le cas où elle déciderait de contracter. « Lorsqu'un contrat est conclu avec un tiers en violation d'un pacte de préférence, le bénéficiaire peut obtenir la réparation du préjudice subi. Lorsque le tiers connaissait l'existence du pacte et l'intention du bénéficiaire de s'en prévaloir, ce dernier peut également agir en nullité ou demander au juge de le substituer au tiers dans le contrat conclu. « Le tiers peut demander par écrit au bénéficiaire de confirmer dans un délai qu'il fixe et qui doit être raisonnable, l'existence d'un pacte de préférence et s'il entend s'en prévaloir. « L'écrit mentionne qu'à défaut de réponse dans ce délai, le bénéficiaire du pacte ne pourra plus solliciter sa substitution au contrat conclu avec le tiers ou la nullité du contrat.

/	**Art. 1124 – Promesse unilatérale de contrat** « La promesse unilatérale est le contrat par lequel une partie, le promettant, accorde à l'autre, le bénéficiaire, le droit d'opter pour la conclusion d'un contrat dont les éléments essentiels sont déterminés, et pour la formation duquel ne manque que le consentement du bénéficiaire. « La révocation de la promesse pendant le temps laissé au bénéficiaire pour opter n'empêche pas la formation du contrat promis. « Le contrat conclu en violation de la promesse unilatérale avec un tiers qui en connaissait l'existence est nul. [* Art. 1106 ** Art. 1589-2 (enregistrement) et 37, D. n° 55-22 du 4 janvier 1955 portant réforme de la publicité foncière (publicité facultative)]
Sous-section 4 : Dispositions propres au contrat conclu par voie électronique	
Art. 1369-1 « La voie électronique peut être utilisée pour mettre à disposition des conditions contractuelles ou des informations sur des biens ou services.	**Art. 1125 – Information contractuelle par voie électronique** « La voie électronique peut être utilisée pour mettre à disposition des stipulations contractuelles ou des informations sur des biens ou services.
Art. 1369-2 « Les informations qui sont demandées en vue de la conclusion d'un contrat ou celles qui sont adressées au cours de son exécution peuvent être transmises par courrier électronique si leur destinataire a accepté l'usage de ce moyen.	**Art. 1126 – Transmission par voie électronique des informations demandées** « Les informations qui sont demandées en vue de la conclusion d'un contrat ou celles qui sont adressées au cours de son exécution peuvent être transmises par courrier électronique si leur destinataire a accepté l'usage de ce moyen.
Art. 1369-3 « Les informations destinées à un professionnel peuvent lui être adressées par courrier électronique, dès lors qu'il a communiqué son adresse électronique. « Si ces informations doivent être portées sur un formulaire, celui-ci est mis, par voie électronique, à la disposition de la personne qui doit le remplir.	**Art. 1127 – Transmission par voie électronique des informations au professionnel** « Les informations destinées à un professionnel peuvent lui être adressées par courrier électronique, dès lors qu'il a communiqué son adresse électronique. « Si ces informations doivent être portées sur un formulaire, celui-ci est mis, par voie électronique, à la disposition de la personne qui doit le remplir.

Art. 1369-4 « Quiconque propose, à titre professionnel, par voie électronique, la fourniture de biens ou la prestation de services, met à disposition les conditions contractuelles applicables d'une manière qui permette leur conservation et leur reproduction. Sans préjudice des conditions de validité mentionnées dans l'offre, son auteur reste engagé par elle tant qu'elle est accessible par voie électronique de son fait. « L'offre énonce en outre : « 1° Les différentes étapes à suivre pour conclure le contrat par voie électronique ; « 2° Les moyens techniques permettant à l'utilisateur, avant la conclusion du contrat, d'identifier les erreurs commises dans la saisie des données et de les corriger ; « 3° Les langues proposées pour la conclusion du contrat ; « 4° En cas d'archivage du contrat, les modalités de cet archivage par l'auteur de l'offre et les conditions d'accès au contrat archivé ; « 5° Les moyens de consulter par voie électronique les règles professionnelles et commerciales auxquelles l'auteur de l'offre entend, le cas échéant, se soumettre.	**Art. 1127-1 – L'offre de contrat faite par voie électronique** « Quiconque propose à titre professionnel, par voie électronique, la fourniture de biens ou la prestation de services, met à disposition les stipulations contractuelles applicables d'une manière qui permette leur conservation et leur reproduction. « L'auteur d'une offre reste engagé par elle tant qu'elle est accessible par voie électronique de son fait. « L'offre énonce en outre : « 1° Les différentes étapes à suivre pour conclure le contrat par voie électronique ; « 2° Les moyens techniques permettant au destinataire de l'offre, avant la conclusion du contrat, d'identifier d'éventuelles erreurs commises dans la saisie des données et de les corriger ; « 3° Les langues proposées pour la conclusion du contrat au nombre desquelles doit figurer la langue française ; « 4° Le cas échéant, les modalités d'archivage du contrat par l'auteur de l'offre et les conditions d'accès au contrat archivé ; « 5° Les moyens de consulter par voie électronique les règles professionnelles et commerciales auxquelles l'auteur de l'offre entend, le cas échéant, se soumettre.
Art. 1369-5 « Pour que le contrat soit valablement conclu, le destinataire de l'offre doit avoir eu la possibilité de vérifier le détail de sa commande et son prix total, et de corriger d'éventuelles erreurs, avant de confirmer celle-ci pour exprimer son acceptation. « L'auteur de l'offre doit accuser réception sans délai injustifié et par voie électronique de la commande qui lui a été ainsi adressée. « La commande, la confirmation de l'acceptation de l'offre et l'accusé de réception sont considérés comme reçus lorsque les parties auxquelles ils sont adressés peuvent y avoir accès.	**Art. 1127-2 – Confirmation de la commande et accusé de réception** « Le contrat n'est valablement conclu que si le destinataire de l'offre a eu la possibilité de vérifier le détail de sa commande et son prix total et de corriger d'éventuelles erreurs avant de confirmer celle-ci pour exprimer son acceptation définitive. « L'auteur de l'offre doit accuser réception sans délai injustifié, par voie électronique, de la commande qui lui a été adressée. « La commande, la confirmation de l'acceptation de l'offre et l'accusé de réception sont considérés comme reçus lorsque les parties auxquelles ils sont adressés peuvent y avoir accès.
Art. 1369-6 « Il est fait exception aux obligations visées aux 1° à 5° de l'article 1369-4 et aux deux premiers alinéas de l'article 1369-5 pour les contrats de fourniture de biens ou de prestation de services qui sont conclus exclusivement par échange de courriers électroniques. « Il peut, en outre, être dérogé aux dispositions de l'article 1369-5 et des 1° à 5° de l'article 1369-4 dans les conventions conclues entre professionnels.	**Art. 1127-3 – Exceptions** « Il est fait exception aux obligations visées aux 1° à 5° de l'article 1127-1 et aux deux premiers alinéas de l'article 1127-2 pour les contrats de fourniture de biens ou de prestation de services qui sont conclus exclusivement par échange de courriers électroniques. « Il peut, en outre, être dérogé aux dispositions des 1° à 5° de l'article 1127-1 et de l'article 1127-2 dans les contrats conclus entre professionnels.

Art. 1369-7 « Une lettre simple relative à la conclusion ou à l'exécution d'un contrat peut être envoyée par courrier électronique. « L'apposition de la date d'expédition résulte d'un procédé électronique dont la fiabilité est présumée, jusqu'à preuve contraire, lorsqu'il satisfait à des exigences fixées par décret en Conseil d'État.	**Art. 1127-4 – Lettre simple par voie électronique** « Une lettre simple relative à la conclusion ou à l'exécution d'un contrat peut être envoyée par courrier électronique. « L'apposition de la date d'expédition résulte d'un procédé électronique dont la fiabilité est présumée, jusqu'à preuve contraire, lorsqu'il satisfait à des exigences fixées par décret en Conseil d'État.
Art. 1369-8 « Une lettre recommandée relative à la conclusion ou à l'exécution d'un contrat peut être envoyée par courrier électronique à condition que ce courrier soit acheminé par un tiers selon un procédé permettant d'identifier le tiers, de désigner l'expéditeur, de garantir l'identité du destinataire et d'établir si la lettre a été remise ou non au destinataire. « Le contenu de cette lettre, au choix de l'expéditeur, peut être imprimé par le tiers sur papier pour être distribué au destinataire ou peut être adressé à celui-ci par voie électronique. Dans ce dernier cas, si le destinataire n'est pas un professionnel, il doit avoir demandé l'envoi par ce moyen ou en avoir accepté l'usage au cours d'échanges antérieurs. « Lorsque l'apposition de la date d'expédition ou de réception résulte d'un procédé électronique, la fiabilité de celui-ci est présumée, jusqu'à preuve contraire, s'il satisfait à des exigences fixées par un décret en Conseil d'État. « Un avis de réception peut être adressé à l'expéditeur par voie électronique ou par tout autre dispositif lui permettant de le conserver. « Les modalités d'application du présent article sont fixées par décret en Conseil d'État.	**Art. 1127-5 – Lettre recommandée par voie électronique** « Une lettre recommandée relative à la conclusion ou à l'exécution d'un contrat peut être envoyée par courrier électronique à condition que ce courrier soit acheminé par un tiers selon un procédé permettant d'identifier le tiers, de désigner l'expéditeur, de garantir l'identité du destinataire et d'établir si la lettre a été remise ou non au destinataire. « Le contenu de cette lettre, au choix de l'expéditeur, peut être imprimé par le tiers sur papier pour être distribué au destinataire ou peut être adressé à celui-ci par voie électronique. Dans ce dernier cas, si le destinataire n'est pas un professionnel, il doit avoir demandé l'envoi par ce moyen ou en avoir accepté l'usage au cours d'échanges antérieurs. « Lorsque l'apposition de la date d'expédition ou de réception résulte d'un procédé électronique, la fiabilité de celui-ci est présumée, jusqu'à preuve contraire, s'il satisfait à des exigences fixées par un décret en Conseil d'État. « Un avis de réception peut être adressé à l'expéditeur par voie électronique ou par tout autre dispositif lui permettant de le conserver. « Les modalités d'application du présent article sont fixées par décret en Conseil d'État.
Art. 1369-9 « Hors les cas prévus aux articles 1369-1 et 1369-2, la remise d'un écrit sous forme électronique est effective lorsque le destinataire, après avoir pu en prendre connaissance, en a accusé réception. « Si une disposition prévoit que l'écrit doit être lu au destinataire, la remise d'un écrit électronique à l'intéressé dans les conditions prévues au premier alinéa vaut lecture.	**Art. 1127-6 – Remise d'un écrit par voie électronique** « Hors les cas prévus aux articles 1125 et 1126, la remise d'un écrit électronique est effective lorsque le destinataire, après avoir pu en prendre connaissance, en a accusé réception. « Si une disposition prévoit que l'écrit doit être lu au destinataire, la remise d'un écrit électronique à l'intéressé dans les conditions prévues au premier alinéa vaut lecture.
Section 2 : La validité du contrat	
Art. 1108 « Quatre conditions sont essentielles pour la validité d'une convention : « Le consentement de la partie qui s'oblige ; « Sa capacité de contracter ; « Un objet certain qui forme la matière de l'engagement ; « Une cause licite dans l'obligation.	**Art. 1128 – Énoncé des trois conditions de formation** « Sont nécessaires à la validité d'un contrat : « 1° Le consentement des parties ; « 2° Leur capacité de contracter ; « 3° Un contenu licite et certain.

Sous-section 1 : Le consentement *Paragraphe 1 : L'existence du consentement*	
/	**Art. 1129 – Sanité d'esprit** « Conformément à l'article 414-1, il faut être sain d'esprit pour consentir valablement à un contrat. [** Art. 901 (libéralités) – Principe et régime : art. 414-1 et 414-2]
Paragraphe 2 : Les vices du consentement	
Art. 1109 « Il n'y a point de consentement valable si le consentement n'a été donné que par erreur ou s'il a été extorqué par violence ou surpris par dol.	**Art. 1130 – Caractère déterminant** « L'erreur, le dol et la violence vicient le consentement lorsqu'ils sont de telle nature que, sans eux, l'une des parties n'aurait pas contracté ou aurait contracté à des conditions substantiellement différentes. « Leur caractère déterminant s'apprécie eu égard aux personnes et aux circonstances dans lesquelles le consentement a été donné.
Art. 1109 « Il n'y a point de consentement valable si le consentement n'a été donné que par erreur ou s'il a été extorqué par violence ou surpris par dol.	**Art. 1131 – Sanction des vices du consentement** « Les vices du consentement sont une cause de nullité relative du contrat.
Art. 1110 al. 1 « L'erreur n'est une cause de nullité de la convention que lorsqu'elle tombe sur la substance même de la chose qui en est l'objet.	**Art. 1132 – Erreur : caractère excusable et objet** « L'erreur de droit ou de fait, à moins qu'elle ne soit inexcusable, est une cause de nullité du contrat lorsqu'elle porte sur les qualités essentielles de la prestation due ou sur celles du cocontractant.
/	**Art. 1133 – Erreur sur les qualités substantielles de la prestation** « Les qualités essentielles de la prestation sont celles qui ont été expressément ou tacitement convenues et en considération desquelles les parties ont contracté. « L'erreur est une cause de nullité qu'elle porte sur la prestation de l'une ou de l'autre partie. « L'acceptation d'un aléa sur une qualité de la prestation exclut l'erreur relative à cette qualité.
Art. 1110, al. 2 « Elle n'est point une cause de nullité lorsqu'elle ne tombe que sur la personne avec laquelle on a intention de contracter, à moins que la considération de cette personne ne soit la cause principale de la convention.	**Art. 1134 – Erreur sur les qualités essentielles du cocontractant** « L'erreur sur les qualités essentielles du cocontractant n'est une cause de nullité que dans les contrats conclus en considération de la personne.

Art. 1131 « L'obligation sans cause, ou sur une fausse cause, ou sur une cause illicite, ne peut avoir aucun effet.	**Art. 1135 – Erreur sur le motif** « L'erreur sur un simple motif, étranger aux qualités essentielles de la prestation due ou du cocontractant, n'est pas une cause de nullité, à moins que les parties n'en aient fait expressément un élément déterminant de leur consentement. « Néanmoins l'erreur sur le motif d'une libéralité, en l'absence duquel son auteur n'aurait pas disposé, est une cause de nullité.
	Art. 1136 – Erreur sur la valeur « L'erreur sur la valeur par laquelle, sans se tromper sur les qualités essentielles de la prestation, un contractant fait seulement de celle-ci une appréciation économique inexacte, n'est pas une cause de nullité.
Art. 1116 « Le dol est une cause de nullité de la convention lorsque les manœuvres pratiquées par l'une des parties sont telles, qu'il est évident que, sans ces manœuvres, l'autre partie n'aurait pas contracté. « Il ne se présume pas et doit être prouvé.	**Art. 1137 – Dol** « Le dol est le fait pour un contractant d'obtenir le consentement de l'autre par des manœuvres ou des mensonges. « Constitue également un dol la dissimulation intentionnelle par l'un des contractants d'une information dont il sait le caractère déterminant pour l'autre partie. [* Art. 1112-1 (information précontractuelle)]
/	**Art. 1138 – Auteur du dol** « Le dol est également constitué s'il émane du représentant, gérant d'affaires, préposé ou porte-fort du contractant. « Il l'est encore lorsqu'il émane d'un tiers de connivence.
/	**Art. 1139 – Caractère excusable de l'erreur provoquée** « L'erreur qui résulte d'un dol est toujours excusable ; elle est une cause de nullité alors même qu'elle porterait sur la valeur de la prestation ou sur un simple motif du contrat.
Art. 1112 « Il y a violence lorsqu'elle est de nature à faire impression sur une personne raisonnable, et qu'elle peut lui inspirer la crainte d'exposer sa personne ou sa fortune à un mal considérable et présent. « On a égard, en cette matière, à l'âge, au sexe et à la condition des personnes. **Art 1113** « La violence est une cause de nullité du contrat, non seulement lorsqu'elle a été exercée sur la partie contractante, mais encore lorsqu'elle l'a été sur son époux ou sur son épouse, sur ses descendants ou ses ascendants.	**Art. 1140 – Violence** « Il y a violence lorsqu'une partie s'engage sous la pression d'une contrainte qui lui inspire la crainte d'exposer sa personne, sa fortune ou celles de ses proches à un mal considérable.

/	**Art. 1141 – Menace d'une voie de droit** « La menace d'une voie de droit ne constitue pas une violence. Il en va autrement lorsque la voie de droit est détournée de son but ou lorsqu'elle est invoquée ou exercée pour obtenir un avantage manifestement excessif.
Art. 1111 « La violence exercée contre celui qui a contracté l'obligation est une cause de nullité, encore qu'elle ait été exercée par un tiers autre que celui au profit duquel la convention a été faite.	**Art. 1142 – Auteur de la violence** « La violence est une cause de nullité qu'elle ait été exercée par une partie ou par un tiers.
/	**Art. 1143 – Violence par abus de l'état de dépendance** « Il y a également violence lorsqu'une partie, abusant de l'état de dépendance dans lequel se trouve son cocontractant, obtient de lui un engagement qu'il n'aurait pas souscrit en l'absence d'une telle contrainte et en tire un avantage manifestement excessif. [** C. pén., art. 223-15-2, C. consom., art. L. 121-8 et C. com., art. L. 420-2]
Art. 1304, al. 1 et 2 « Dans tous les cas où l'action en nullité ou en rescision d'une convention n'est pas limitée à un moindre temps par une loi particulière, cette action dure cinq ans. « Ce temps ne court dans le cas de violence que du jour où elle a cessé ; dans le cas d'erreur ou de dol, du jour où ils ont été découverts. **Art. 1115** « Un contrat ne peut plus être attaqué pour cause de violence, si, depuis que la violence a cessé, ce contrat a été approuvé soit expressément, soit tacitement, soit en laissant passer le temps de la restitution fixé par la loi.	**Art. 1144 – Point de départ du délai de prescription** « Le délai de l'action en nullité ne court, en cas d'erreur ou de dol, que du jour où ils ont été découverts et, en cas de violence, que du jour où elle a cessé. [** Art. 2224 et 2232 (prescription)]
Sous-section 2 : La capacité et la représentation *Paragraphe 1 : La capacité*	
Art. 1123 « Toute personne peut contracter si elle n'en est pas déclarée incapable par la loi.	**Art. 1145 – Capacité des personnes physiques et morales** « Toute personne physique peut contracter sauf en cas d'incapacité prévue par la loi. « La capacité des personnes morales est limitée aux actes utiles à la réalisation de leur objet tel que défini par leurs statuts et aux actes qui leur sont accessoires, dans le respect des règles applicables à chacune d'entre elles. [* Art. 1146 (incapacité des mineurs et des majeurs protégés) - Personnes morales : art. 1849 et C. com., art. L. 221-5 (dans les limites de l'objet social) et art. L. 223-18, L. 225-35, L. 225-56, L. 225-64, L. 226-7 et L. 227-6 (en dehors de l'objet social)]

Art. 1124 « Sont incapables de contracter, dans la mesure définie par la loi : « Les mineurs non émancipés ; « Les majeurs protégés au sens de l'article 488 du présent code.	**Art. 1146 – Incapacité des mineurs et majeurs protégés** « Sont incapables de contracter, dans la mesure définie par la loi : « 1° Les mineurs non émancipés ; « 2° Les majeurs protégés au sens de l'article 425. [* Art. 1145 et 1148 (capacité), 1159 (représentation) ** Incapacité : art. 388 et 388-1-1 (mineurs), 435 (sauvegarde de justice), 440 (curatelle et tutelle), 467(curatelle), 473 (tutelle), 494-1 (habilitation familiale) - Émancipation : art. 413-1 à 413-8 (régime), 515-1 et 930-1
Art. 1125 « Les personnes capables de s'engager ne peuvent opposer l'incapacité de ceux avec qui elles ont contracté.	**Art. 1147 – Sanction de l'incapacité : nullité relative** « L'incapacité de contracter est une cause de nullité relative. [** Art. 465 et 494-9 (ratification)]
/	**Art. 1148 – Capacité résiduelle de l'incapable** « Toute personne incapable de contracter peut néanmoins accomplir seule les actes courants autorisés par la loi ou l'usage, pourvu qu'ils soient conclus à des conditions normales. [** Art. 388-1-1 (mineur), 473 (tutelle)]
Art. 1305 « La simple lésion donne lieu à la rescision en faveur du mineur non émancipé, contre toutes sortes de conventions. **Art. 1306** « Le mineur n'est pas restituable pour cause de lésion, lorsqu'elle ne résulte que d'un événement casuel et imprévu. **Art. 1307** « La simple déclaration de majorité, faite par le mineur, ne fait point obstacle à sa restitution. **Art. 1308** « Le mineur qui exerce une profession n'est point restituable contre les engagements qu'il a pris dans l'exercice de celle-ci.	**Art. 1149 – Rescision pour lésion des actes courants des mineurs** « Les actes courants accomplis par le mineur peuvent être annulés pour simple lésion. Toutefois, la nullité n'est pas encourue lorsque la lésion résulte d'un événement imprévisible. « La simple déclaration de majorité faite par le mineur ne fait pas obstacle à l'annulation. « Le mineur ne peut se soustraire aux engagements qu'il a pris dans l'exercice de sa profession. [** Art. 413-8 (mineur émancipé commerçant après autorisation) ; 388-1-2 (mineur de 16 ans autorisé)]
Art. 1313 « Les majeurs ne sont restitués pour cause de lésion que dans les cas et sous les conditions spécialement exprimés dans le présent code.	**Art. 1150 – Coordination droit des contrats/majeurs protégés** « Les actes accomplis par les majeurs protégés sont régis par les articles 435, 465 et 494-9 sans préjudice des articles 1148, 1151 et 1352-4.

Art. 1312 « Lorsque les mineurs ou les majeurs en tutelle sont admis, en ces qualités, à se faire restituer contre leurs engagements, le remboursement de ce qui aurait été, en conséquence de ces engagements, payé pendant la minorité ou la tutelle des majeurs, ne peut en être exigé, à moins qu'il ne soit prouvé que ce qui a été payé a tourné à leur profit. **Art. 1311** « Il n'est plus recevable à revenir contre l'engagement qu'il avait souscrit en minorité, lorsqu'il l'a ratifié en majorité, soit que cet engagement fût nul en sa forme, soit qu'il fût seulement sujet à restitution.	**Art. 1151 – Obstacle à l'action en nullité** « Le contractant capable peut faire obstacle à l'action en nullité engagée contre lui en établissant que l'acte était utile à la personne protégée et exempt de lésion ou qu'il a profité à celle-ci. « Il peut aussi opposer à l'action en nullité la confirmation de l'acte par son cocontractant devenu ou redevenu capable.
Art. 1304, al. 3 « Le temps ne court, à l'égard des actes faits par un mineur, que du jour de la majorité ou de l'émancipation ; et à l'égard des actes faits par un majeur protégé, que du jour où il en a eu connaissance, alors qu'il était en situation de les refaire valablement. Il ne court contre les héritiers de la personne en tutelle ou en curatelle ou de la personne faisant l'objet d'une habilitation familiale que du jour du décès, s'il n'a commencé à courir auparavant.	**Art. 1152 – Prescription** « La prescription de l'action court : « 1° À l'égard des actes faits par un mineur, du jour de la majorité ou de l'émancipation ; « 2° À l'égard des actes faits par un majeur protégé, du jour où il en a eu connaissance alors qu'il était en situation de les refaire valablement ; « 3° À l'égard des héritiers de la personne en tutelle ou en curatelle ou de la personne faisant l'objet d'une habilitation familiale, du jour du décès si elle n'a commencé à courir auparavant. [** Art. 2224 (cinq ans), 2232 (délai butoir), 2235 (mineurs non émancipés, majeurs en tutelle)]
Paragraphe 2 : La représentation	
/	**Art. 1153 – Source et limite du pouvoir de représentation** « Le représentant légal, judiciaire ou conventionnel n'est fondé à agir que dans la limite des pouvoirs qui lui ont été conférés. [** Représentation légale, ex. art. 388-1-1 (mineurs) ; judiciaire : art. 435 (sauvegarde de justice), 469 (curatelle), 473 et 496 (tutelle), 494-1 (habilitation familiale) ; conventionnelle : art. 1984 (mandat), 477 (mandat de protection future), 812 (à effet posthume), 813 (mandataire désigné par les héritiers) - Limite, ex. : art. 1989 (mandat)]
/	**Art. 1154 – Effet de la représentation** « Lorsque le représentant agit dans la limite de ses pouvoirs au nom et pour le compte du représenté, celui-ci est seul tenu de l'engagement ainsi contracté. « Lorsque le représentant déclare agir pour le compte d'autrui mais contracte en son propre nom, il est seul engagé à l'égard du cocontractant. [** Art. 1998, al. 1 (mandat) et C. com., art. L. 132-1 (commission)]

/	**Art. 1155 – Étendue du pouvoir de représentation** « Lorsque le pouvoir du représentant est défini en termes généraux, il ne couvre que les actes conservatoires et d'administration. « Lorsque le pouvoir est spécialement déterminé, le représentant ne peut accomplir que les actes pour lesquels il est habilité et ceux qui en sont l'accessoire. [** Art. 1987 et 1988 (mandat)]
/	**Art. 1156 – Défaut et dépassement de pouvoir** « L'acte accompli par un représentant sans pouvoir ou au-delà de ses pouvoirs est inopposable au représenté, sauf si le tiers contractant a légitimement cru en la réalité des pouvoirs du représentant, notamment en raison du comportement ou des déclarations du représenté. « Lorsqu'il ignorait que l'acte était accompli par un représentant sans pouvoir ou au-delà de ses pouvoirs, le tiers contractant peut en invoquer la nullité. « L'inopposabilité comme la nullité de l'acte ne peuvent plus être invoquées dès lors que le représenté l'a ratifié. [** Art. 1997 et 1998 (mandat)]
/	**Art. 1157 – Détournement de pouvoir** « Lorsque le représentant détourne ses pouvoirs au détriment du représenté, ce dernier peut invoquer la nullité de l'acte accompli si le tiers avait connaissance du détournement ou ne pouvait l'ignorer.
/	**Art. 1158 – Vérification du pouvoir** « Le tiers qui doute de l'étendue du pouvoir du représentant conventionnel à l'occasion d'un acte qu'il s'apprête à conclure, peut demander par écrit au représenté de lui confirmer, dans un délai qu'il fixe et qui doit être raisonnable, que le représentant est habilité à conclure cet acte. « L'écrit mentionne qu'à défaut de réponse dans ce délai, le représentant est réputé habilité à conclure cet acte.
/	**Art. 1159 – Effet de la représentation sur la capacité du représenté** « L'établissement d'une représentation légale ou judiciaire dessaisit pendant sa durée le représenté des pouvoirs transférés au représentant. « La représentation conventionnelle laisse au représenté l'exercice de ses droits. [* Art. 1145 et 1146]

/	**Art. 1160 – Cessation des pouvoirs du représentant** « Les pouvoirs du représentant cessent s'il est atteint d'une incapacité ou frappé d'une interdiction. [** Comp. art. 1990 (mineur non émancipé mandataire) et 2003 et s. (fin du mandat), 812-4 et s. (fin du mandat à effet posthume), 813-7 (mandataire successoral)]
/	**Art. 1161 – Interdiction de la contrepartie et de la double représentation** « Un représentant ne peut agir pour le compte des deux parties au contrat ni contracter pour son propre compte avec le représenté. « En ces cas, l'acte accompli est nul à moins que la loi ne l'autorise ou que le représenté ne l'ait autorisé ou ratifié. [** Art. 1596]
Sous-section 3 : Le contenu du contrat	
Art. 1128 « Il n'y a que les choses qui sont dans le commerce qui puissent être l'objet des conventions. **Art. 1131** « L'obligation sans cause, ou sur une fausse cause, ou sur une cause illicite, ne peut avoir aucun effet. **Art. 1133** « La cause est illicite, quand elle est prohibée par la loi, quand elle est contraire aux bonnes mœurs ou à l'ordre public.	**Art. 1162 – Ordre public** « Le contrat ne peut déroger à l'ordre public ni par ses stipulations, ni par son but, que ce dernier ait été connu ou non par toutes les parties. [* Art. 1102, 1179 (critère de la nullité absolue), 1180 (régime de la nullité absolue) et 1356 ** Art. 6 (ordre public)]
Art. 1126 « Tout contrat a pour objet une chose qu'une partie s'oblige à donner, ou qu'une partie s'oblige à faire ou à ne pas faire. **Art. 1129** « Il faut que l'obligation ait pour objet une chose au moins déterminée quant à son espèce. La quotité de la chose peut être incertaine, pourvu qu'elle puisse être déterminée. **« Art. 1130** Les choses futures peuvent être l'objet d'une obligation. « On ne peut cependant renoncer à une succession non ouverte, ni faire aucune stipulation sur une pareille succession, même avec le consentement de celui de la succession duquel il s'agit, que dans les conditions prévues par la loi.	**Art. 1163 – Détermination de l'objet de l'obligation** « L'obligation a pour objet une prestation présente ou future. « Celle-ci doit être possible et déterminée ou déterminable. « La prestation est déterminable lorsqu'elle peut être déduite du contrat ou par référence aux usages ou aux relations antérieures des parties, sans qu'un nouvel accord des parties soit nécessaire.

/	**Art. 1164 – Prix dans les contrats cadre** « Dans les contrats cadre, il peut être convenu que le prix sera fixé unilatéralement par l'une des parties, à charge pour elle d'en motiver le montant en cas de contestation. « En cas d'abus dans la fixation du prix, le juge peut être saisi d'une demande tendant à obtenir des dommages et intérêts et le cas échéant la résolution du contrat. [* Art. 1111]
/	**Art. 1165 – Prix dans les contrats de prestation de service** « Dans les contrats de prestation de service, à défaut d'accord des parties avant leur exécution, le prix peut être fixé par le créancier, à charge pour lui d'en motiver le montant en cas de contestation. En cas d'abus dans la fixation du prix, le juge peut être saisi d'une demande en dommages et intérêts. [** Art. 1709 (louage de chose), 1710 (louage d'ouvrage)]
Art. 1246 « Si la dette est d'une chose qui ne soit déterminée que par son espèce, le débiteur ne sera pas tenu, pour être libéré, de la donner de la meilleure espèce ; mais il ne pourra l'offrir de la plus mauvaise.	**Art. 1166 – Qualité de la prestation** « Lorsque la qualité de la prestation n'est pas déterminée ou déterminable en vertu du contrat, le débiteur doit offrir une prestation de qualité conforme aux attentes légitimes des parties en considération de sa nature, des usages et du montant de la contrepartie.
/	**Art. 1167 – Indice** « Lorsque le prix ou tout autre élément du contrat doit être déterminé par référence à un indice qui n'existe pas ou a cessé d'exister ou d'être accessible, celui-ci est remplacé par l'indice qui s'en rapproche le plus. [** C. mon. fin., art. L. 112-1 à L. 112-4 (indexation)]
Art. 1118 « La lésion ne vicie les conventions que dans certains contrats ou à l'égard de certaines personnes, ainsi qu'il sera expliqué en la même section.	**Art. 1168 – Défaut d'équivalence des prestations dans les contrats synallagmatiques** « Dans les contrats synallagmatiques, le défaut d'équivalence des prestations n'est pas une cause de nullité du contrat, à moins que la loi n'en dispose autrement. [* Art. 1106 ** Art. 1674 (vente) ; CPI, art. L. 131-5 (contrat de cession du droit d'exploitation)]
Art. 1131 « L'obligation sans cause, ou sur une fausse cause, ou sur une cause illicite, ne peut avoir aucun effet.	**Art. 1169 – Contrepartie illusoire ou dérisoire dans les contrats onéreux** « Un contrat à titre onéreux est nul lorsque, au moment de sa formation, la contrepartie convenue au profit de celui qui s'engage est illusoire ou dérisoire. [* Art. 1107]

Art. 1131 « L'obligation sans cause, ou sur une fausse cause, ou sur une cause illicite, ne peut avoir aucun effet.	**Art. 1170 – Clause contrariant l'obligation essentielle** « Toute clause qui prive de sa substance l'obligation essentielle du débiteur est réputée non écrite.
/	**Art. 1171 – Sanction des déséquilibres significatifs dans les contrats d'adhésion** « Dans un contrat d'adhésion, toute clause qui crée un déséquilibre significatif entre les droits et obligations des parties au contrat est réputée non écrite. « L'appréciation du déséquilibre significatif ne porte ni sur l'objet principal du contrat ni sur l'adéquation du prix à la prestation. [* Art. 1110 ** C. consom., art. L. 212-1 ; C. com., art., L. 442-6, I, 2°]
Section 3 : La forme du contrat *Sous-section 1 : Dispositions générales*	
/	**Art. 1172 – Principes et limites du consensualisme** « Les contrats sont par principe consensuels. « Par exception, la validité des contrats solennels est subordonnée à l'observation de formes déterminées par la loi à défaut de laquelle le contrat est nul, sauf possible régularisation. « En outre, la loi subordonne la formation de certains contrats à la remise d'une chose. [* Art. 1109]
/	**Art. 1173 – Formalisme probatoire et à titre d'opposabilité** « Les formes exigées aux fins de preuve ou d'opposabilité sont sans effet sur la validité des contrats.
Sous-section 2 : Dispositions propres au contrat conclu par voie électronique	
Art. 1108-1 « Lorsqu'un écrit est exigé pour la validité d'un acte juridique, il peut être établi et conservé sous forme électronique dans les conditions prévues aux articles 1316-1 et 1316-4 et, lorsqu'un acte authentique est requis, au second alinéa de l'article 1317. « Lorsqu'est exigée une mention écrite de la main même de celui qui s'oblige, ce dernier peut l'apposer sous forme électronique si les conditions de cette apposition sont de nature à garantir qu'elle ne peut être effectuée que par lui-même.	**Art. 1174 – Equivalence de l'écrit sur support électronique et sur support papier** « Lorsqu'un écrit est exigé pour la validité d'un contrat, il peut être établi et conservé sous forme électronique dans les conditions prévues aux articles 1366 et 1367 et, lorsqu'un acte authentique est requis, au deuxième alinéa de l'article 1369. « Lorsqu'est exigée une mention écrite de la main même de celui qui s'oblige, ce dernier peut l'apposer sous forme électronique si les conditions de cette apposition sont de nature à garantir qu'elle ne peut être effectuée que par lui-même.

Art. 1108-2 « Il est fait exception aux dispositions de l'article 1108-1 pour : « 1° Les actes sous seing privé relatifs au droit de la famille et des successions ; « 2° Les actes sous seing privé relatifs à des sûretés personnelles ou réelles, de nature civile ou commerciale, sauf s'ils sont passés par une personne pour les besoins de sa profession.	**Art. 1175 – Limites** « Il est fait exception aux dispositions de l'article précédent pour : « 1° Les actes sous signature privée relatifs au droit de la famille et des successions ; « 2° Les actes sous signature privée relatifs à des sûretés personnelles ou réelles, de nature civile ou commerciale, sauf s'ils sont passés par une personne pour les besoins de sa profession.
Art. 1369-10 « Lorsque l'écrit sur papier est soumis à des conditions particulières de lisibilité ou de présentation, l'écrit sous forme électronique doit répondre à des exigences équivalentes. « L'exigence d'un formulaire détachable est satisfaite par un procédé électronique qui permet d'accéder au formulaire et de le renvoyer par la même voie.	**Art. 1176 – Formulaire électronique** « Lorsque l'écrit sur papier est soumis à des conditions particulières de lisibilité ou de présentation, l'écrit électronique doit répondre à des exigences équivalentes. « L'exigence d'un formulaire détachable est satisfaite par un procédé électronique qui permet d'accéder au formulaire et de le renvoyer par la même voie.
Art. 1369-11 « L'exigence d'un envoi en plusieurs exemplaires est réputée satisfaite sous forme électronique si l'écrit peut être imprimé par le destinataire.	**Art. 1177 – Equivalence de la formalité du double** « L'exigence d'un envoi en plusieurs exemplaires est réputée satisfaite par voie électronique si l'écrit peut être imprimé par le destinataire.
Section 4 : Les sanctions *Sous-section 1 : La nullité*	
Art. 1117 « La convention contractée par erreur, violence ou dol, n'est point nulle de plein droit ; elle donne seulement lieu à une action en nullité ou en rescision, dans les cas et de la manière expliqués à la section VII du chapitre V du présent titre.	**Art. 1178 – Nullité judiciaire ou conventionnelle** « Un contrat qui ne remplit pas les conditions requises pour sa validité est nul. La nullité doit être prononcée par le juge, à moins que les parties ne la constatent d'un commun accord. « Le contrat annulé est censé n'avoir jamais existé. « Les prestations exécutées donnent lieu à restitution dans les conditions prévues aux articles 1352 à 1352-9. « Indépendamment de l'annulation du contrat, la partie lésée peut demander réparation du dommage subi dans les conditions du droit commun de la responsabilité extracontractuelle.
/	**Art. 1179 – Nullité absolue/relative** « La nullité est absolue lorsque la règle violée a pour objet la sauvegarde de l'intérêt général. « Elle est relative lorsque la règle violée a pour seul objet la sauvegarde d'un intérêt privé.
/	**Art. 1180 – Régime de la nullité absolue** « La nullité absolue peut être demandée par toute personne justifiant d'un intérêt, ainsi que par le ministère public. « Elle ne peut être couverte par la confirmation du contrat.

/	**Art. 1181 – Régime de la nullité relative** « La nullité relative ne peut être demandée que par la partie que la loi entend protéger. « Elle peut être couverte par la confirmation. « Si l'action en nullité relative a plusieurs titulaires, la renonciation de l'un n'empêche pas les autres d'agir.
Art. 1338 « L'acte de confirmation ou ratification d'une obligation contre laquelle la loi admet l'action en nullité ou en rescision n'est valable que lorsqu'on y trouve la substance de cette obligation, la mention du motif de l'action en rescision, et l'intention de réparer le vice sur lequel cette action est fondée. « À défaut d'acte de confirmation ou ratification, il suffit que l'obligation soit exécutée volontairement après l'époque à laquelle l'obligation pouvait être valablement confirmée ou ratifiée. « La confirmation, ratification, ou exécution volontaire dans les formes et à l'époque déterminées par la loi, emporte la renonciation aux moyens et exceptions que l'on pouvait opposer contre cet acte, sans préjudice néanmoins du droit des tiers. **Art. 1115** « Un contrat ne peut plus être attaqué pour cause de violence, si, depuis que la violence a cessé, ce contrat a été approuvé soit expressément, soit tacitement, soit en laissant passer le temps de la restitution fixé par la loi. **Art. 1311** Il n'est plus recevable à revenir contre l'engagement qu'il avait souscrit en minorité, lorsqu'il l'a ratifié en majorité, soit que cet engagement fût nul en sa forme, soit qu'il fût seulement sujet à restitution.	**Art. 1182 – Confirmation** « La confirmation est l'acte par lequel celui qui pourrait se prévaloir de la nullité y renonce. Cet acte mentionne l'objet de l'obligation et le vice affectant le contrat. « La confirmation ne peut intervenir qu'après la conclusion du contrat. « L'exécution volontaire du contrat, en connaissance de la cause de nullité, vaut confirmation. En cas de violence, la confirmation ne peut intervenir qu'après que la violence a cessé. « La confirmation emporte renonciation aux moyens et exceptions qui pouvaient être opposés, sans préjudice néanmoins des droits des tiers. [* Art. 931-1 (donation), 1151, 1180, 1181]
/	**Art. 1183 – Action provocatoire** « Une partie peut demander par écrit à celle qui pourrait se prévaloir de la nullité soit de confirmer le contrat soit d'agir en nullité dans un délai de six mois à peine de forclusion. La cause de la nullité doit avoir cessé. « L'écrit mentionne expressément qu'à défaut d'action en nullité exercée avant l'expiration du délai de six mois, le contrat sera réputé confirmé.

/	**Art. 1184 – Nullité partielle** « Lorsque la cause de nullité n'affecte qu'une ou plusieurs clauses du contrat, elle n'emporte nullité de l'acte tout entier que si cette ou ces clauses ont constitué un élément déterminant de l'engagement des parties ou de l'une d'elles. « Le contrat est maintenu lorsque la loi répute la clause non écrite, ou lorsque les fins de la règle méconnue exigent son maintien.
/	**Art. 1185 – Imprescriptibilité de l'exception de nullité en l'absence d'exécution** « L'exception de nullité ne se prescrit pas si elle se rapporte à un contrat qui n'a reçu aucune exécution.
Sous-section 2 : La caducité	
/	**Art. 1186 – Définition de la caducité** « Un contrat valablement formé devient caduc si l'un de ses éléments essentiels disparaît. « Lorsque l'exécution de plusieurs contrats est nécessaire à la réalisation d'une même opération et que l'un d'eux disparaît, sont caducs les contrats dont l'exécution est rendue impossible par cette disparition et ceux pour lesquels l'exécution du contrat disparu était une condition déterminante du consentement d'une partie. « La caducité n'intervient toutefois que si le contractant contre lequel elle est invoquée connaissait l'existence de l'opération d'ensemble lorsqu'il a donné son consentement.
/	**Art. 1187 – Effet de la caducité** « La caducité met fin au contrat. « Elle peut donner lieu à restitution dans les conditions prévues aux articles 1352 à 1352-9.
Chapitre III : L'interprétation du contrat	
Art. 1156 « On doit dans les conventions rechercher quelle a été la commune intention des parties contractantes, plutôt que de s'arrêter au sens littéral des termes.	**Art. 1188 – Commune intention des parties : principe et limite** « Le contrat s'interprète d'après la commune intention des parties plutôt qu'en s'arrêtant au sens littéral de ses termes. « Lorsque cette intention ne peut être décelée, le contrat s'interprète selon le sens que lui donnerait une personne raisonnable placée dans la même situation.
Art. 1161 « Toutes les clauses des conventions s'interprètent les unes par les autres, en donnant à chacune le sens qui résulte de l'acte entier.	**Art. 1189 – Interprétation globale** « Toutes les clauses d'un contrat s'interprètent les unes par rapport aux autres, en donnant à chacune le sens qui respecte la cohérence de l'acte tout entier. « Lorsque, dans l'intention commune des parties, plusieurs contrats concourent à une même opération, ils s'interprètent en fonction de celle-ci.

Art. 1162 « Dans le doute, la convention s'interprète contre celui qui a stipulé et en faveur de celui qui a contracté l'obligation.	**Art. 1190 – En cas de contrat de gré à gré et d'adhésion** « Dans le doute, le contrat de gré à gré s'interprète contre le créancier et en faveur du débiteur, et le contrat d'adhésion contre celui qui l'a proposé. [** Art. 1602 (vente : délivrance)]
Art. 1157 « Lorsqu'une clause est susceptible de deux sens, on doit plutôt l'entendre dans celui avec lequel elle peut avoir quelque effet, que dans le sens avec lequel elle n'en pourrait produire aucun.	**Art. 1191 – Double sens d'une clause** « Lorsqu'une clause est susceptible de deux sens, celui qui lui confère un effet l'emporte sur celui qui ne lui en fait produire aucun.
	Art. 1192 – Dénaturation « On ne peut interpréter les clauses claires et précises à peine de dénaturation.
Chapitre IV : Les effets du contrat *Section 1 : Les effets du contrat entre les parties* *Sous-section 1 : Force obligatoire*	
Art. 1134, al. 1 et 2 « Les conventions légalement formées tiennent lieu de loi à ceux qui les ont faites. « Elles ne peuvent être révoquées que de leur consentement mutuel, ou pour les causes que la loi autorise.	**Art. 1193 – Force obligatoire** « Les contrats ne peuvent être modifiés ou révoqués que du consentement mutuel des parties, ou pour les causes que la loi autorise. [* Art. 1103 (principe) - Art. 1195, 1228, 1231-5, 1343-5 ; art. 1227 (exceptions judiciaires ou légales) ** Révocation unilatérale : art. 1944 (dépôt) et 2003 (mandat)]
Art. 1135 « Les conventions obligent non seulement à ce qui y est exprimé, mais encore à toutes les suites que l'équité, l'usage ou la loi donnent à l'obligation d'après sa nature.	**Art. 1194 – Les suites du contrat** « Les contrats obligent non seulement à ce qui y est exprimé, mais encore à toutes les suites que leur donnent l'équité, l'usage ou la loi.
/	**Art. 1195 – Révision pour imprévision** « Si un changement de circonstances imprévisible lors de la conclusion du contrat rend l'exécution excessivement onéreuse pour une partie qui n'avait pas accepté d'en assumer le risque, celle-ci peut demander une renégociation du contrat à son cocontractant. Elle continue à exécuter ses obligations durant la renégociation. « En cas de refus ou d'échec de la renégociation, les parties peuvent convenir de la résolution du contrat, à la date et aux conditions qu'elles déterminent, ou demander d'un commun accord au juge de procéder à son adaptation. À défaut d'accord dans un délai raisonnable, le juge peut, à la demande d'une partie, réviser le contrat ou y mettre fin, à la date et aux conditions qu'il fixe.

Sous-section 2 : Effet translatif	
Art. 1138 « L'obligation de livrer la chose est parfaite par le seul consentement des parties contractantes. « Elle rend le créancier propriétaire et met la chose à ses risques dès l'instant où elle a dû être livrée, encore que la tradition n'en ait point été faite, à moins que le débiteur ne soit en demeure de la livrer ; auquel cas la chose reste aux risques de ce dernier.	**Art. 1196 – Transfert de la propriété** « Dans les contrats ayant pour objet l'aliénation de la propriété ou la cession d'un autre droit, le transfert s'opère lors de la conclusion du contrat. « Ce transfert peut être différé par la volonté des parties, la nature des choses ou par l'effet de la loi. « Le transfert de propriété emporte transfert des risques de la chose. Toutefois le débiteur de l'obligation de délivrer en retrouve la charge à compter de sa mise en demeure, conformément à l'article 1344-2 et sous réserve des règles prévues à l'article 1351-1. [* Art. 1344-2 et 1351-1 ** Art. 1601-2 (vente d'immeubles à construire)]
Art. 1136 « L'obligation de donner emporte celle de livrer la chose et de la conserver jusqu'à la livraison, à peine de dommages et intérêts envers le créancier. **Art. 1137** « L'obligation de veiller à la conservation de la chose, soit que la convention n'ait pour objet que l'utilité de l'une des parties, soit qu'elle ait pour objet leur utilité commune, soumet celui qui en est chargé à y apporter tous les soins raisonnables. « Cette obligation est plus ou moins étendue relativement à certains contrats, dont les effets, à cet égard, sont expliqués sous les titres qui les concernent.	**Art. 1197 – Obligation de conservation** « L'obligation de délivrer la chose emporte obligation de la conserver jusqu'à la délivrance, en y apportant tous les soins d'une personne raisonnable. [* Art. 1351-1 (perte de la chose)]
Art. 1141 « Si la chose qu'on s'est obligé de donner ou de livrer à deux personnes successivement est purement mobilière, celle des deux qui en a été mise en possession réelle est préférée et en demeure propriétaire, encore que son titre soit postérieur en date, pourvu toutefois que la possession soit de bonne foi. Art. 30 Décret n° 55-22 du 4 janvier 1955 portant réforme de la publicité foncière 1. Les actes et décisions judiciaires soumis à publicité par application du 1° de l'article 28 sont, s'ils n'ont pas été publiés, inopposables aux tiers qui, sur le même immeuble, ont acquis, du même auteur, des droits concurrents en vertu d'actes ou de décisions soumis à la même obligation de publicité et publiés, ou ont fait inscrire des privilèges ou des hypothèques. Ils sont également inopposables, s'ils ont été publiés, lorsque les actes, décisions, privilèges ou hypothèques, invoqués par ces tiers, ont été antérieurement publiés. (...)	**Art. 1198 – Conflits de droits sur un même bien** « Lorsque deux acquéreurs successifs d'un même meuble corporel tiennent leur droit d'une même personne, celui qui a pris possession de ce meuble en premier est préféré, même si son droit est postérieur, à condition qu'il soit de bonne foi. « Lorsque deux acquéreurs successifs de droits portant sur un même immeuble tiennent leur droit d'une même personne, celui qui a, le premier, publié son titre d'acquisition passé en la forme authentique au fichier immobilier est préféré, même si son droit est postérieur, à condition qu'il soit de bonne foi.

Section 2 : Les effets du contrat à l'égard des tiers *Sous-section 1 : Dispositions générales*	
Art. 1165 « Les conventions n'ont d'effet qu'entre les parties contractantes ; elles ne nuisent point au tiers, et elles ne lui profitent que dans le cas prévu par l'article 1121.	**Art. 1199 – Effet relatif** « Le contrat ne crée d'obligations qu'entre les parties. « Les tiers ne peuvent ni demander l'exécution du contrat ni se voir contraints de l'exécuter, sous réserve des dispositions de la présente section et de celles du chapitre III du titre IV. [* Art. 1341-1 à 1341-3 (actions paulienne, oblique et directe)]
/	**Art. 1200 – Opposabilité** « Les tiers doivent respecter la situation juridique créée par le contrat. « Ils peuvent s'en prévaloir notamment pour apporter la preuve d'un fait. [* Art. 1358]
Art. 1321 « Les contre-lettres ne peuvent avoir leur effet qu'entre les parties contractantes ; elles n'ont point d'effet contre les tiers.	**Art. 1201 – Contre-lettre** « Lorsque les parties ont conclu un contrat apparent qui dissimule un contrat occulte, ce dernier, appelé aussi contre-lettre, produit effet entre les parties. Il n'est pas opposable aux tiers, qui peuvent néanmoins s'en prévaloir.
Art. 1321-1 « Est nulle et de nul effet toute contre-lettre ayant pour objet une augmentation du prix stipulé dans le traité de cession d'un office ministériel et toute convention ayant pour but de dissimuler partie du prix d'une vente d'immeubles ou d'une cession de fonds de commerce ou de clientèle ou d'une cession d'un droit à un bail ou du bénéfice d'une promesse de bail portant sur tout ou partie d'un immeuble et tout ou partie de la soulte d'un échange ou d'un partage comprenant des biens immeubles, un fonds de commerce ou une clientèle.	**Art. 1202 – Régimes des contre-lettres** « Est nulle toute contre-lettre ayant pour objet une augmentation du prix stipulé dans le traité de cession d'un office ministériel. « Est également nul tout contrat ayant pour but de dissimuler une partie du prix, lorsqu'elle porte sur une vente d'immeubles, une cession de fonds de commerce ou de clientèle, une cession d'un droit à un bail, ou le bénéfice d'une promesse de bail portant sur tout ou partie d'un immeuble et tout ou partie de la soulte d'un échange ou d'un partage comprenant des biens immeubles, un fonds de commerce ou une clientèle.
Sous-section 2 : Le porte-fort et la stipulation pour autrui	
Art. 1119 « On ne peut, en général, s'engager, ni stipuler en son propre nom, que pour soi-même.	**Art. 1203 – Engagement pour soi-même** « On ne peut s'engager en son propre nom que pour soi-même. [* Art. 1102]
Art. 1120 « Néanmoins, on peut se porter fort pour un tiers, en promettant le fait de celui-ci ; sauf l'indemnité contre celui qui s'est porté fort ou qui a promis de faire ratifier, si le tiers refuse de tenir l'engagement.	**Art. 1204 – Porte-fort** « On peut se porter fort en promettant le fait d'un tiers. « Le promettant est libéré de toute obligation si le tiers accomplit le fait promis. Dans le cas contraire, il peut être condamné à des dommages et intérêts. « Lorsque le porte-fort a pour objet la ratification d'un engagement, celui-ci est rétroactivement validé à la date à laquelle le porte-fort a été souscrit.

Art. 1121 « On peut pareillement stipuler au profit d'un tiers lorsque telle est la condition d'une stipulation que l'on fait pour soi-même ou d'une donation que l'on fait à un autre. Celui qui a fait cette stipulation ne peut plus la révoquer si le tiers a déclaré vouloir en profiter.	**Art. 1205 – Stipulation pour autrui** « On peut stipuler pour autrui. « L'un des contractants, le stipulant, peut faire promettre à l'autre, le promettant, d'accomplir une prestation au profit d'un tiers, le bénéficiaire. Ce dernier peut être une personne future mais doit être précisément désigné ou pouvoir être déterminé lors de l'exécution de la promesse. [** C. assur., art. L. 112-1, L. 132-8 et L. 132-9 (droit des assurances)]
Art. 1121 « On peut pareillement stipuler au profit d'un tiers lorsque telle est la condition d'une stipulation que l'on fait pour soi-même ou d'une donation que l'on fait à un autre. Celui qui a fait cette stipulation ne peut plus la révoquer si le tiers a déclaré vouloir en profiter.	**Art. 1206 – Effet de la stipulation pour autrui** « Le bénéficiaire est investi d'un droit direct à la prestation contre le promettant dès la stipulation. « Néanmoins le stipulant peut librement révoquer la stipulation tant que le bénéficiaire ne l'a pas acceptée. « La stipulation devient irrévocable au moment où l'acceptation parvient au stipulant ou au promettant. [** Comp. C. assur., art. L. 132-12 (contrat d'assurance sur la vie)]
/	**Art. 1207 – Révocation de la stipulation pour autrui** « La révocation ne peut émaner que du stipulant ou, après son décès, de ses héritiers. Ces derniers ne peuvent y procéder qu'à l'expiration d'un délai de trois mois à compter du jour où ils ont mis le bénéficiaire en demeure de l'accepter. « Si elle n'est pas assortie de la désignation d'un nouveau bénéficiaire, la révocation profite, selon le cas, au stipulant ou à ses héritiers. « La révocation produit effet dès lors que le tiers bénéficiaire ou le promettant en a eu connaissance. « Lorsqu'elle est faite par testament, elle prend effet au moment du décès. « Le tiers initialement désigné est censé n'avoir jamais bénéficié de la stipulation faite à son profit. [** Comp. C. assur., art. L. 132-9 (contrat d'assurance sur la vie)]
/	**Art. 1208 – Acceptation de la stipulation pour autrui** « L'acceptation peut émaner du bénéficiaire ou, après son décès, de ses héritiers. Elle peut être expresse ou tacite. Elle peut intervenir même après le décès du stipulant ou du promettant.
/	**Art. 1209 – Droit du stipulant** « Le stipulant peut lui-même exiger du promettant l'exécution de son engagement envers le bénéficiaire.

Section 3 : La durée du contrat	
/	**Art. 1210 – Prohibition des engagements perpétuels** « Les engagements perpétuels sont prohibés. « Chaque contractant peut y mettre fin dans les conditions prévues pour le contrat à durée indéterminée. [** Art. 1780 (louage de service)]
/	**Art. 1211 – Contrat à durée indéterminée** « Lorsque le contrat est conclu pour une durée indéterminée, chaque partie peut y mettre fin à tout moment, sous réserve de respecter le délai de préavis contractuellement prévu ou, à défaut, un délai raisonnable. [** C. com., art. L. 442-6, I, 5°]
/	**Art. 1212 – Contrat à durée déterminée** « Lorsque le contrat est conclu pour une durée déterminée, chaque partie doit l'exécuter jusqu'à son terme. « Nul ne peut exiger le renouvellement du contrat. [* Limite : art. 1215 ** Comp. C. com., art. L. 145-8 (bail commercial)]
/	**Art. 1213 – Prorogation du contrat** « Le contrat peut être prorogé si les contractants en manifestent la volonté avant son expiration. La prorogation ne peut porter atteinte aux droits des tiers.
/	**Art. 1214 – Renouvellement du contrat** « Le contrat à durée déterminée peut être renouvelé par l'effet de la loi ou par l'accord des parties. « Le renouvellement donne naissance à un nouveau contrat dont le contenu est identique au précédent mais dont la durée est indéterminée.
/	**Art. 1215 – Tacite reconduction** « Lorsqu'à l'expiration du terme d'un contrat conclu à durée déterminée, les contractants continuent d'en exécuter les obligations, il y a tacite reconduction. Celle-ci produit les mêmes effets que le renouvellement du contrat.

Section 4 : La cession de contrat	
/	**Art. 1216 – Définition de la cession de contrat** « Un contractant, le cédant, peut céder sa qualité de partie au contrat à un tiers, le cessionnaire, avec l'accord de son cocontractant, le cédé. « Cet accord peut être donné par avance, notamment dans le contrat conclu entre les futurs cédant et cédé, auquel cas la cession produit effet à l'égard du cédé lorsque le contrat conclu entre le cédant et le cessionnaire lui est notifié ou lorsqu'il en prend acte. « La cession doit être constatée par écrit, à peine de nullité. [** Art. 1743 ; C. assur., art. L. 121-10 ; C. trav., art., L. 1224-1 (cessions légales) ; C. com., art. L. 642-7 (cession judiciaire)]
/	**Art. 1216-1 – Condition de la libération du cédant** « Si le cédé y a expressément consenti, la cession de contrat libère le cédant pour l'avenir. « À défaut, et sauf clause contraire, le cédant est tenu solidairement à l'exécution du contrat.
/	**Art. 1216-2 – Opposabilité des exceptions** « Le cessionnaire peut opposer au cédé les exceptions inhérentes à la dette, telles que la nullité, l'exception d'inexécution, la résolution ou la compensation de dettes connexes. Il ne peut lui opposer les exceptions personnelles au cédant. « Le cédé peut opposer au cessionnaire toutes les exceptions qu'il aurait pu opposer au cédant.
/	**Art. 1216-3 – Sort des sûretés et des codébiteurs solidaires** « Si le cédant n'est pas libéré par le cédé, les sûretés qui ont pu être consenties subsistent. Dans le cas contraire, les sûretés consenties par des tiers ne subsistent qu'avec leur accord. « Si le cédant est libéré, ses codébiteurs solidaires restent tenus déduction faite de sa part dans la dette.

Section 5 : L'inexécution du contrat	
Art. 1142 « Toute obligation de faire ou de ne pas faire se résout en dommages et intérêts en cas d'inexécution de la part du débiteur. **Art. 1143** « Néanmoins, le créancier a le droit de demander que ce qui aurait été fait par contravention à l'engagement soit détruit ; et il peut se faire autoriser à le détruire aux dépens du débiteur, sans préjudice des dommages et intérêts s'il y a lieu. **Art. 1144** « Le créancier peut aussi, en cas d'inexécution, être autorisé à faire exécuter lui-même l'obligation aux dépens du débiteur. Celui-ci peut être condamné à faire l'avance des sommes nécessaires à cette exécution. **Art. 1145** « Si l'obligation est de ne pas faire, celui qui y contrevient doit des dommages et intérêts par le seul fait de la contravention. **Art. 1184** « La condition résolutoire est toujours sous-entendue dans les contrats synallagmatiques, pour le cas où l'une des deux parties ne satisfera point à son engagement. « Dans ce cas, le contrat n'est point résolu de plein droit. La partie envers laquelle l'engagement n'a point été exécuté, a le choix ou de forcer l'autre à l'exécution de la convention lorsqu'elle est possible, ou d'en demander la résolution avec dommages et intérêts. « La résolution doit être demandée en justice, et il peut être accordé au défendeur un délai selon les circonstances.	**Art. 1217 – Liste des sanctions** « La partie envers laquelle l'engagement n'a pas été exécuté, ou l'a été imparfaitement, peut : « - refuser d'exécuter ou suspendre l'exécution de sa propre obligation ; « - poursuivre l'exécution forcée en nature de l'obligation ; « - solliciter une réduction du prix ; « - provoquer la résolution du contrat ; « - demander réparation des conséquences de l'inexécution. « Les sanctions qui ne sont pas incompatibles peuvent être cumulées ; des dommages et intérêts peuvent toujours s'y ajouter.
Art. 1148 « Il n'y a lieu à aucuns dommages et intérêts lorsque, par suite d'une force majeure ou d'un cas fortuit, le débiteur a été empêché de donner ou de faire ce à quoi il était obligé, ou a fait ce qui lui était interdit.	**Art. 1218 – Force majeure** « Il y a force majeure en matière contractuelle lorsqu'un événement échappant au contrôle du débiteur, qui ne pouvait être raisonnablement prévu lors de la conclusion du contrat et dont les effets ne peuvent être évités par des mesures appropriées, empêche l'exécution de son obligation par le débiteur. « Si l'empêchement est temporaire, l'exécution de l'obligation est suspendue à moins que le retard qui en résulterait ne justifie la résolution du contrat. Si l'empêchement est définitif, le contrat est résolu de plein droit et les parties sont libérées de leurs obligations dans les conditions prévues aux articles 1351 et 1351-1.
Sous-section 1 : L'exception d'inexécution	
/	**Art. 1219 – Règle générale** « Une partie peut refuser d'exécuter son obligation, alors même que celle-ci est exigible, si l'autre n'exécute pas la sienne et si cette inexécution est suffisamment grave.

Rappr. Art. 1653 « Si l'acheteur est troublé ou a juste sujet de craindre d'être troublé par une action, soit hypothécaire, soit en revendication, il peut suspendre le paiement du prix jusqu'à ce que le vendeur ait fait cesser le trouble, si mieux n'aime celui-ci donner caution, ou à moins qu'il n'ait été stipulé que, nonobstant le trouble, l'acheteur paiera.	**Art. 1220 – Exception d'inexécution par anticipation** « Une partie peut suspendre l'exécution de son obligation dès lors qu'il est manifeste que son cocontractant ne s'exécutera pas à l'échéance et que les conséquences de cette inexécution sont suffisamment graves pour elle. Cette suspension doit être notifiée dans les meilleurs délais.
Sous-section 2 : L'exécution forcée en nature	
Art. 1142 « Toute obligation de faire ou de ne pas faire se résout en dommages et intérêts en cas d'inexécution de la part du débiteur. **Art. 1184** « La condition résolutoire est toujours sous-entendue dans les contrats synallagmatiques, pour le cas où l'une des deux parties ne satisfera point à son engagement. « Dans ce cas, le contrat n'est point résolu de plein droit. La partie envers laquelle l'engagement n'a point été exécuté, a le choix ou de forcer l'autre à l'exécution de la convention lorsqu'elle est possible, ou d'en demander la résolution avec dommages et intérêts. « La résolution doit être demandée en justice, et il peut être accordé au défendeur un délai selon les circonstances.	**Art. 1221 – Principe et limites** « Le créancier d'une obligation peut, après mise en demeure, en poursuivre l'exécution en nature sauf si cette exécution est impossible ou s'il existe une disproportion manifeste entre son coût pour le débiteur et son intérêt pour le créancier. [* Art. 1344 (mise en demeure)]
Art. 1143 « Néanmoins, le créancier a le droit de demander que ce qui aurait été fait par contravention à l'engagement soit détruit ; et il peut se faire autoriser à le détruire aux dépens du débiteur, sans préjudice des dommages et intérêts s'il y a lieu. **Art. 1144** « Le créancier peut aussi, en cas d'inexécution, être autorisé à faire exécuter lui-même l'obligation aux dépens du débiteur. Celui-ci peut être condamné à faire l'avance des sommes nécessaires à cette exécution.	**Art. 1222 – Faculté de remplacement** « Après mise en demeure, le créancier peut aussi, dans un délai et à un coût raisonnables, faire exécuter lui-même l'obligation ou, sur autorisation préalable du juge, détruire ce qui a été fait en violation de celle-ci. Il peut demander au débiteur le remboursement des sommes engagées à cette fin. « Il peut aussi demander en justice que le débiteur avance les sommes nécessaires à cette exécution ou à cette destruction. [* Art. 1344 (mise en demeure)]
Sous-section 3 : La réduction du prix	
Rappr. Art. 1617 « Si la vente d'un immeuble a été faite avec indication de la contenance, à raison de tant la mesure, le vendeur est obligé de délivrer à l'acquéreur, s'il l'exige, la quantité indiquée au contrat. « Et si la chose ne lui est pas possible, ou si l'acquéreur ne l'exige pas, le vendeur est obligé de souffrir une diminution proportionnelle du prix.	**Art. 1223 – Conditions** « Le créancier peut, après mise en demeure, accepter une exécution imparfaite du contrat et solliciter une réduction proportionnelle du prix. « S'il n'a pas encore payé, le créancier notifie sa décision de réduire le prix dans les meilleurs délais. [* Art. 1344 (mise en demeure)]

Sous-section 4 : La résolution	
Art. 1184 « La condition résolutoire est toujours sous-entendue dans les contrats synallagmatiques, pour le cas où l'une des deux parties ne satisfera point à son engagement. « Dans ce cas, le contrat n'est point résolu de plein droit. La partie envers laquelle l'engagement n'a point été exécuté, a le choix ou de forcer l'autre à l'exécution de la convention lorsqu'elle est possible, ou d'en demander la résolution avec dommages et intérêts. « La résolution doit être demandée en justice, et il peut être accordé au défendeur un délai selon les circonstances.	**Art. 1224 – Formes de la résolution** « La résolution résulte soit de l'application d'une clause résolutoire soit, en cas d'inexécution suffisamment grave, d'une notification du créancier au débiteur ou d'une décision de justice.
/	**Art. 1225 – Clause résolutoire** « La clause résolutoire précise les engagements dont l'inexécution entraînera la résolution du contrat. « La résolution est subordonnée à une mise en demeure infructueuse, s'il n'a pas été convenu que celle-ci résulterait du seul fait de l'inexécution. La mise en demeure ne produit effet que si elle mentionne expressément la clause résolutoire. [* Art. 1344 (mise en demeure)]
/	**Art. 1226 – Résolution unilatérale** « Le créancier peut, à ses risques et périls, résoudre le contrat par voie de notification. Sauf urgence, il doit préalablement mettre en demeure le débiteur défaillant de satisfaire à son engagement dans un délai raisonnable. « La mise en demeure mentionne expressément qu'à défaut pour le débiteur de satisfaire à son obligation, le créancier sera en droit de résoudre le contrat. « Lorsque l'inexécution persiste, le créancier notifie au débiteur la résolution du contrat et les raisons qui la motivent. « Le débiteur peut à tout moment saisir le juge pour contester la résolution. Le créancier doit alors prouver la gravité de l'inexécution.
Art. 1184, al. 3 « La résolution doit être demandée en justice, et il peut être accordé au défendeur un délai selon les circonstances.	**Art. 1227 – Résolution judiciaire** « La résolution peut, en toute hypothèse, être demandée en justice.
Art. 1184, al. 2 « Dans ce cas, le contrat n'est point résolu de plein droit. La partie envers laquelle l'engagement n'a point été exécuté, a le choix ou de forcer l'autre à l'exécution de la convention lorsqu'elle est possible, ou d'en demander la résolution avec dommages et intérêts.	**Art. 1228 – Office du juge dans la résolution** « Le juge peut, selon les circonstances, constater ou prononcer la résolution ou ordonner l'exécution du contrat, en accordant éventuellement un délai au débiteur, ou allouer seulement des dommages et intérêts.

/	**Art. 1229 – Effet de la résolution** « La résolution met fin au contrat. « La résolution prend effet, selon les cas, soit dans les conditions prévues par la clause résolutoire, soit à la date de la réception par le débiteur de la notification faite par le créancier, soit à la date fixée par le juge ou, à défaut, au jour de l'assignation en justice. « Lorsque les prestations échangées ne pouvaient trouver leur utilité que par l'exécution complète du contrat résolu, les parties doivent restituer l'intégralité de ce qu'elles se sont procuré l'une à l'autre. Lorsque les prestations échangées ont trouvé leur utilité au fur et à mesure de l'exécution réciproque du contrat, il n'y a pas lieu à restitution pour la période antérieure à la dernière prestation n'ayant pas reçu sa contrepartie ; dans ce cas, la résolution est qualifiée de résiliation. « Les restitutions ont lieu dans les conditions prévues aux articles 1352 à 1352-9.
/	**Art. 1230 – Clauses autonomes** « La résolution n'affecte ni les clauses relatives au règlement des différends, ni celles destinées à produire effet même en cas de résolution, telles les clauses de confidentialité et de non-concurrence.
Sous-section 5 : La réparation du préjudice résultant de l'inexécution du contrat	
Art. 1146 « Les dommages et intérêts ne sont dus que lorsque le débiteur est en demeure de remplir son obligation, excepté néanmoins lorsque la chose que le débiteur s'était obligé de donner ou de faire ne pouvait être donnée ou faite que dans un certain temps qu'il a laissé passer. La mise en demeure peut résulter d'une lettre missive, s'il en ressort une interpellation suffisante.	**Art. 1231 – Mise en demeure** « À moins que l'inexécution soit définitive, les dommages et intérêts ne sont dus que si le débiteur a préalablement été mis en demeure de s'exécuter dans un délai raisonnable.
Art. 1147 « Le débiteur est condamné, s'il y a lieu, au paiement de dommages et intérêts, soit à raison de l'inexécution de l'obligation, soit à raison du retard dans l'exécution, toutes les fois qu'il ne justifie pas que l'inexécution provient d'une cause étrangère qui ne peut lui être imputée, encore qu'il n'y ait aucune mauvaise foi de sa part.	**Art. 1231-1 – Principe de la réparation** « Le débiteur est condamné, s'il y a lieu, au paiement de dommages et intérêts soit à raison de l'inexécution de l'obligation, soit à raison du retard dans l'exécution, s'il ne justifie pas que l'exécution a été empêchée par la force majeure.
Art. 1149 « Les dommages et intérêts dus au créancier sont, en général, de la perte qu'il a faite et du gain dont il a été privé, sauf les exceptions et modifications ci-après.	**Art. 1231-2 – Montant de la réparation** « Les dommages et intérêts dus au créancier sont, en général, de la perte qu'il a faite et du gain dont il a été privé, sauf les exceptions et modifications ci-après.
Art. 1150 « Le débiteur n'est tenu que des dommages et intérêts qui ont été prévus ou qu'on a pu prévoir lors du contrat, lorsque ce n'est point par son dol que l'obligation n'est point exécutée.	**Art. 1231-3 – Dommage prévisible** « Le débiteur n'est tenu que des dommages et intérêts qui ont été prévus ou qui pouvaient être prévus lors de la conclusion du contrat, sauf lorsque l'inexécution est due à une faute lourde ou dolosive.

Art. 1151 « Dans le cas même où l'inexécution de la convention résulte du dol du débiteur, les dommages et intérêts ne doivent comprendre à l'égard de la perte éprouvée par le créancier et du gain dont il a été privé, que ce qui est une suite immédiate et directe de l'inexécution de la convention.	**Art. 1231-4 – Faute lourde ou dolosive** « Dans le cas même où l'inexécution du contrat résulte d'une faute lourde ou dolosive, les dommages et intérêts ne comprennent que ce qui est une suite immédiate et directe de l'inexécution.
Art. 1152 « Lorsque la convention porte que celui qui manquera de l'exécuter payera une certaine somme à titre de dommages-intérêts, il ne peut être alloué à l'autre partie une somme plus forte, ni moindre. « Néanmoins, le juge peut, même d'office, modérer ou augmenter la peine qui avait été convenue, si elle est manifestement excessive ou dérisoire. Toute stipulation contraire sera réputée non écrite. **Art. 1226** « La clause pénale est celle par laquelle une personne, pour assurer l'exécution d'une convention, s'engage à quelque chose en cas d'inexécution. **Art. 1230** « Soit que l'obligation primitive contienne, soit qu'elle ne contienne pas un terme dans lequel elle doive être accomplie, la peine n'est encourue que lorsque celui qui s'est obligé soit à livrer, soit à prendre, soit à faire, est en demeure. **Art. 1231** « Lorsque l'engagement a été exécuté en partie, la peine convenue peut, même d'office, être diminuée par le juge à proportion de l'intérêt que l'exécution partielle a procuré au créancier, sans préjudice de l'application de l'article 1152. Toute stipulation contraire sera réputée non écrite.	**Art. 1231-5 – Clause pénale** « Lorsque le contrat stipule que celui qui manquera de l'exécuter paiera une certaine somme à titre de dommages et intérêts, il ne peut être alloué à l'autre partie une somme plus forte ni moindre. « Néanmoins, le juge peut, même d'office, modérer ou augmenter la pénalité ainsi convenue si elle est manifestement excessive ou dérisoire. « Lorsque l'engagement a été exécuté en partie, la pénalité convenue peut être diminuée par le juge, même d'office, à proportion de l'intérêt que l'exécution partielle a procuré au créancier, sans préjudice de l'application de l'alinéa précédent. « Toute stipulation contraire aux deux alinéas précédents est réputée non écrite. « Sauf inexécution définitive, la pénalité n'est encourue que lorsque le débiteur est mis en demeure.
Art. 1153 « Dans les obligations qui se bornent au paiement d'une certaine somme, les dommages-intérêts résultant du retard dans l'exécution ne consistent jamais que dans la condamnation aux intérêts au taux légal, sauf les règles particulières au commerce et au cautionnement. « Ces dommages et intérêts sont dus sans que le créancier soit tenu de justifier d'aucune perte. « Ils ne sont dus que du jour de la sommation de payer, ou d'un autre acte équivalent telle une lettre missive s'il en ressort une interpellation suffisante, excepté dans le cas où la loi les fait courir de plein droit. « Le créancier auquel son débiteur en retard a causé, par sa mauvaise foi, un préjudice indépendant de ce retard, peut obtenir des dommages et intérêts distincts des intérêts moratoires de la créance.	**Art. 1231-6 – Intérêts moratoires** « Les dommages et intérêts dus à raison du retard dans le paiement d'une obligation de somme d'argent consistent dans l'intérêt au taux légal, à compter de la mise en demeure. « Ces dommages et intérêts sont dus sans que le créancier soit tenu de justifier d'aucune perte. « Le créancier auquel son débiteur en retard a causé, par sa mauvaise foi, un préjudice indépendant de ce retard, peut obtenir des dommages et intérêts distincts de l'intérêt moratoire.

Art. 1153-1 « En toute matière, la condamnation à une indemnité emporte intérêts au taux légal même en l'absence de demande ou de disposition spéciale du jugement. Sauf disposition contraire de la loi, ces intérêts courent à compter du prononcé du jugement à moins que le juge n'en décide autrement. « En cas de confirmation pure et simple par le juge d'appel d'une décision allouant une indemnité en réparation d'un dommage, celle-ci porte de plein droit intérêt au taux légal à compter du jugement de première instance. Dans les autres cas, l'indemnité allouée en appel porte intérêt à compter de la décision d'appel. Le juge d'appel peut toujours déroger aux dispositions du présent alinéa.	**Art. 1231-7 – Intérêts moratoires en cas de condamnation** « En toute matière, la condamnation à une indemnité emporte intérêts au taux légal même en l'absence de demande ou de disposition spéciale du jugement. Sauf disposition contraire de la loi, ces intérêts courent à compter du prononcé du jugement à moins que le juge n'en décide autrement. « En cas de confirmation pure et simple par le juge d'appel d'une décision allouant une indemnité en réparation d'un dommage, celle-ci porte de plein droit intérêt au taux légal à compter du jugement de première instance. Dans les autres cas, l'indemnité allouée en appel porte intérêt à compter de la décision d'appel. Le juge d'appel peut toujours déroger aux dispositions du présent alinéa.
Sous-titre II : La responsabilité extra-contractuelle	
Art. 1382 à 1386-18	**Art. 1240 à 1245-17 – Renumérotation à droit constant**
Sous-titre III : Autres sources d'obligations	
Art. 1371 « Les quasi-contrats sont les faits purement volontaires de l'homme, dont il résulte un engagement quelconque envers un tiers, et quelquefois un engagement réciproque des deux parties.	**Art. 1300 – Définition des autres sources d'obligations** « Les quasi-contrats sont des faits purement volontaires dont il résulte un engagement de celui qui en profite sans y avoir droit, et parfois un engagement de leur auteur envers autrui. « Les quasi-contrats régis par le présent sous-titre sont la gestion d'affaire, le paiement de l'indu et l'enrichissement injustifié.
Chapitre Ier : La gestion d'affaires	
Art. 1372 « Lorsque volontairement on gère l'affaire d'autrui, soit que le propriétaire connaisse la gestion, soit qu'il l'ignore, celui qui gère contracte l'engagement tacite de continuer la gestion qu'il a commencée, et de l'achever jusqu'à ce que le propriétaire soit en état d'y pourvoir lui-même ; il doit se charger également de toutes les dépendances de cette même affaire. « Il se soumet à toutes les obligations qui résulteraient d'un mandat exprès que lui aurait donné le propriétaire.	**Art. 1301 – Conditions de la gestion d'affaires** « Celui qui, sans y être tenu, gère sciemment et utilement l'affaire d'autrui, à l'insu ou sans opposition du maître de cette affaire, est soumis, dans l'accomplissement des actes juridiques et matériels de sa gestion, à toutes les obligations d'un mandataire. [** Ex. de renvoi : art. 219 (entre époux), 418 (décès de la personne protégée), 436 et 491-4 (sauvegarde de justice), 815-4 (indivision)]
Art. 1374 « Il est tenu d'apporter à la gestion de l'affaire tous les soins raisonnables. « Néanmoins les circonstances qui l'ont conduit à se charger de l'affaire peuvent autoriser le juge à modérer les dommages et intérêts qui résulteraient des fautes ou de la négligence du gérant. **Art. 1373** « Il est obligé de continuer sa gestion, encore que le maître vienne à mourir avant que l'affaire soit consommée, jusqu'à ce que l'héritier ait pu en prendre la direction.	**Art. 1301-1 – Obligation du gérant** « Il est tenu d'apporter à la gestion de l'affaire tous les soins d'une personne raisonnable ; il doit poursuivre la gestion jusqu'à ce que le maître de l'affaire ou son successeur soit en mesure d'y pourvoir. « Le juge peut, selon les circonstances, modérer l'indemnité due au maître de l'affaire en raison des fautes ou de la négligence du gérant.

Art. 1375 « Le maître dont l'affaire a été bien administrée doit remplir les engagements que le gérant a contractés en son nom, l'indemniser de tous les engagements personnels qu'il a pris, et lui rembourser toutes les dépenses utiles ou nécessaires qu'il a faites.	**Art. 1301-2 – Obligation du maître de l'affaire** « Celui dont l'affaire a été utilement gérée doit remplir les engagements contractés dans son intérêt par le gérant. « Il rembourse au gérant les dépenses faites dans son intérêt et l'indemnise des dommages qu'il a subis en raison de sa gestion. « Les sommes avancées par le gérant portent intérêt du jour du paiement.
/	**Art. 1301-3 – Ratification** « La ratification de la gestion par le maître vaut mandat.
/	**Art. 1301-4 – Intérêt personnel du gérant** « L'intérêt personnel du gérant à se charger de l'affaire d'autrui n'exclut pas l'application des règles de la gestion d'affaires. « Dans ce cas, la charge des engagements, des dépenses et des dommages se répartit à proportion des intérêts de chacun dans l'affaire commune.
/	**Art. 1301-5 – Application subsidiaire de l'enrichissement injustifié** « Si l'action du gérant ne répond pas aux conditions de la gestion d'affaires mais profite néanmoins au maître de cette affaire, celui-ci doit indemniser le gérant selon les règles de l'enrichissement injustifié. [* Art. 1303]
Chapitre II : Le paiement de l'indu	
Art. 1235 « Tout paiement suppose une dette : ce qui a été payé sans être dû, est sujet à répétition. « La répétition n'est pas admise à l'égard des obligations naturelles qui ont été volontairement acquittées.	**Art. 1302 – Définition du paiement de l'indu** « Tout paiement suppose une dette ; ce qui a été reçu sans être dû est sujet à restitution. « La restitution n'est pas admise à l'égard des obligations naturelles qui ont été volontairement acquittées.
Art. 1376 « Celui qui reçoit par erreur ou sciemment ce qui ne lui est pas dû s'oblige à le restituer à celui de qui il l'a indûment reçu.	**Art. 1302-1 – Obligation de restitution** « Celui qui reçoit par erreur ou sciemment ce qui ne lui est pas dû doit le restituer à celui de qui il l'a indûment reçu.
Art. 1377 « Lorsqu'une personne qui, par erreur, se croyait débitrice, a acquitté une dette, elle a le droit de répétition contre le créancier. « Néanmoins, ce droit cesse dans le cas où le créancier a supprimé son titre par suite du paiement, sauf le recours de celui qui a payé contre le véritable débiteur.	**Art. 1302-2 – Droit à restitution** « Celui qui par erreur ou sous la contrainte a acquitté la dette d'autrui peut agir en restitution contre le créancier. Néanmoins ce droit cesse dans le cas où le créancier, par suite du paiement, a détruit son titre ou abandonné les sûretés qui garantissaient sa créance. « La restitution peut aussi être demandée à celui dont la dette a été acquittée par erreur.

Art. 1378 « S'il y a eu mauvaise foi de la part de celui qui a reçu, il est tenu de restituer, tant le capital que les intérêts ou les fruits, du jour du paiement. **Art. 1379** « Si la chose indûment reçue est un immeuble ou un meuble corporel, celui qui l'a reçue s'oblige à la restituer en nature, si elle existe, ou sa valeur, si elle est périe ou détériorée par sa faute ; il est même garant de sa perte par cas fortuit, s'il l'a reçue de mauvaise foi. **Art. 1380** « Si celui qui a reçu de bonne foi a vendu la chose, il ne doit restituer que le prix de la vente. **Art. 1381** « Celui auquel la chose est restituée, doit tenir compte, même au possesseur de mauvaise foi, de toutes les dépenses nécessaires et utiles qui ont été faites pour la conservation de la chose.	**Art. 1302-3 – Régime de la répétition** « La restitution est soumise aux règles fixées aux articles 1352 à 1352-9. « Elle peut être réduite si le paiement procède d'une faute.
Chapitre III : L'enrichissement injustifié	
/	**Art. 1303 – Conditions** « En dehors des cas de gestion d'affaires et de paiement de l'indu, celui qui bénéficie d'un enrichissement injustifié au détriment d'autrui doit, à celui qui s'en trouve appauvri, une indemnité égale à la moindre des deux valeurs de l'enrichissement et de l'appauvrissement.
/	**Art. 1303-1 – Caractère injustifié de l'enrichissement** « L'enrichissement est injustifié lorsqu'il ne procède ni de l'accomplissement d'une obligation par l'appauvri ni de son intention libérale.
/	**Art. 1303-2 – Exclusion en cas de profit personnel de l'appauvri** « Il n'y a pas lieu à indemnisation si l'appauvrissement procède d'un acte accompli par l'appauvri en vue d'un profit personnel. « L'indemnisation peut être modérée par le juge si l'appauvrissement procède d'une faute de l'appauvri.
/	**Art. 1303-3 – Subsidiarité** « L'appauvri n'a pas d'action sur ce fondement lorsqu'une autre action lui est ouverte ou se heurte à un obstacle de droit, tel que la prescription.
Art. 1380 « Si celui qui a reçu de bonne foi a vendu la chose, il ne doit restituer que le prix de la vente. **Art. 1381** « Celui auquel la chose est restituée, doit tenir compte, même au possesseur de mauvaise foi, de toutes les dépenses nécessaires et utiles qui ont été faites pour la conservation de la chose.	**Art. 1303-4 – Évaluation** « L'appauvrissement constaté au jour de la dépense, et l'enrichissement tel qu'il subsiste au jour de la demande, sont évalués au jour du jugement. En cas de mauvaise foi de l'enrichi, l'indemnité due est égale à la plus forte de ces deux valeurs.

Titre IV : Du régime général des obligations *Chapitre Ier : Les modalités de l'obligation* *Section 1 : L'obligation conditionnelle*	
Art. 1168 « L'obligation est conditionnelle lorsqu'on la fait dépendre d'un événement futur et incertain, soit en la suspendant jusqu'à ce que l'événement arrive, soit en la résiliant, selon que l'événement arrivera ou n'arrivera pas. **Art. 1181** L'obligation contractée sous une condition suspensive est celle qui dépend ou d'un événement futur et incertain, ou d'un événement actuellement arrivé, mais encore inconnu des parties. Dans le premier cas, l'obligation ne peut être exécutée qu'après l'événement. Dans le second cas, l'obligation a son effet du jour où elle a été contractée. **Art. 1183** « La condition résolutoire est celle qui, lorsqu'elle s'accomplit, opère la révocation de l'obligation, et qui remet les choses au même état que si l'obligation n'avait pas existé. « Elle ne suspend point l'exécution de l'obligation ; elle oblige seulement le créancier à restituer ce qu'il a reçu, dans le cas où l'événement prévu par la condition arrive.	**Art. 1304 – Définition de la condition suspensive et de la condition résolutoire** « L'obligation est conditionnelle lorsqu'elle dépend d'un événement futur et incertain. « La condition est suspensive lorsque son accomplissement rend l'obligation pure et simple. « Elle est résolutoire lorsque son accomplissement entraîne l'anéantissement de l'obligation.
Art. 1172 « Toute condition d'une chose impossible, ou contraire aux bonnes mœurs, ou prohibée par la loi est nulle, et rend nulle la convention qui en dépend.	**Art. 1304-1 – Licéité de la condition** « La condition doit être licite. À défaut, l'obligation est nulle. [* Art. 1102, 1179 ** Art. 6 (ordre public)]
Art. 1170 « La condition potestative est celle qui fait dépendre l'exécution de la convention d'un événement qu'il est au pouvoir de l'une ou de l'autre des parties contractantes de faire arriver ou d'empêcher. **Art. 1174** « Toute obligation est nulle lorsqu'elle a été contractée sous une condition potestative de la part de celui qui s'oblige.	**Art. 1304-2 – Nullité des conditions potestatives** « Est nulle l'obligation contractée sous une condition dont la réalisation dépend de la seule volonté du débiteur. Cette nullité ne peut être invoquée lorsque l'obligation a été exécutée en connaissance de cause.
Art. 1178 « La condition est réputée accomplie lorsque c'est le débiteur, obligé sous cette condition, qui en a empêché l'accomplissement.	**Art. 1304-3 – Sanction de la défaillance volontaire de la condition** « La condition suspensive est réputée accomplie si celui qui y avait intérêt en a empêché l'accomplissement. « La condition résolutoire est réputée défaillie si son accomplissement a été provoqué par la partie qui y avait intérêt.
	Art. 1304-4 – Renonciation à la condition « Une partie est libre de renoncer à la condition stipulée dans son intérêt exclusif, tant que celle-ci n'est pas accomplie.

Art. 1180 « Le créancier peut, avant que la condition soit accomplie, exercer tous les actes conservatoires de son droit.	**Art. 1304-5 – Régime pendante conditionne** « Avant que la condition suspensive ne soit accomplie, le débiteur doit s'abstenir de tout acte qui empêcherait la bonne exécution de l'obligation ; le créancier peut accomplir tout acte conservatoire et attaquer les actes du débiteur accomplis en fraude de ses droits. « Ce qui a été payé peut être répété tant que la condition suspensive ne s'est pas accomplie. [** Art. 2332 et 2333 (prescription)]
Art. 1179 « La condition accomplie a un effet rétroactif au jour auquel l'engagement a été contracté. Si le créancier est mort avant l'accomplissement de la condition, ses droits passent à son héritier. **Art. 1182** « Lorsque l'obligation a été contractée sous une condition suspensive, la chose qui fait la matière de la convention demeure aux risques du débiteur qui ne s'est obligé de la livrer que dans le cas de l'événement de la condition. « Si la chose est entièrement périe sans la faute du débiteur, l'obligation est éteinte. « Si la chose s'est détériorée sans la faute du débiteur, le créancier a le choix ou de résoudre l'obligation, ou d'exiger la chose dans l'état où elle se trouve, sans diminution du prix. « Si la chose s'est détériorée par la faute du débiteur, le créancier a le droit ou de résoudre l'obligation, ou d'exiger la chose dans l'état où elle se trouve, avec des dommages et intérêts.	**Art. 1304-6 – Effets de l'accomplissement de la condition suspensive** « L'obligation devient pure et simple à compter de l'accomplissement de la condition suspensive. « Toutefois, les parties peuvent prévoir que l'accomplissement de la condition rétroagira au jour du contrat. La chose, objet de l'obligation, n'en demeure pas moins aux risques du débiteur, qui en conserve l'administration et a droit aux fruits jusqu'à l'accomplissement de la condition. « En cas de défaillance de la condition suspensive, l'obligation est réputée n'avoir jamais existé.
Art. 1179 « La condition accomplie a un effet rétroactif au jour auquel l'engagement a été contracté. Si le créancier est mort avant l'accomplissement de la condition, ses droits passent à son héritier. **Art. 1183** « La condition résolutoire est celle qui, lorsqu'elle s'accomplit, opère la révocation de l'obligation, et qui remet les choses au même état que si l'obligation n'avait pas existé. « Elle ne suspend point l'exécution de l'obligation ; elle oblige seulement le créancier à restituer ce qu'il a reçu, dans le cas où l'événement prévu par la condition arrive.	**Art. 1304-7 – Effets de l'accomplissement de la condition résolutoire** « L'accomplissement de la condition résolutoire éteint rétroactivement l'obligation, sans remettre en cause, le cas échéant, les actes conservatoires et d'administration. « La rétroactivité n'a pas lieu si telle est la convention des parties ou si les prestations échangées ont trouvé leur utilité au fur et à mesure de l'exécution réciproque du contrat.
Section 2 : L'obligation à terme	
Art. 1185 « Le terme diffère de la condition, en ce qu'il ne suspend point l'engagement, dont il retarde seulement l'exécution.	**Art. 1305 – Définition de l'obligation à terme** « L'obligation est à terme lorsque son exigibilité est différée jusqu'à la survenance d'un événement futur et certain, encore que la date en soit incertaine. [* Art. 1348 et 1348-1 ** Art. 2332, 2333 (prescription) ; CPC exéc., art. L. 511-1 (mesures conservatoires)]

	Art. 1305-1 – Fixation du terme « Le terme peut être exprès ou tacite. « À défaut d'accord, le juge peut le fixer en considération de la nature de l'obligation et de la situation des parties. [* Art. 1343-5 (délais de grâce) ** Art. 1888 et 1889 (prêt à usage), 1900 (prêt de consommation) ; C. com., art. L. 626-18 (plan de sauvegarde)]
Art. 1186 « Ce qui n'est dû qu'à terme, ne peut être exigé avant l'échéance du terme ; mais ce qui a été payé d'avance ne peut être répété.	**Art. 1305-2 – Effet** « Ce qui n'est dû qu'à terme ne peut être exigé avant l'échéance ; mais ce qui a été payé d'avance ne peut être répété.
Art. 1187 « Le terme est toujours présumé stipulé en faveur du débiteur, à moins qu'il ne résulte de la stipulation, ou des circonstances, qu'il a été aussi convenu en faveur du créancier.	**Art. 1305-3 – Renonciation** « Le terme profite au débiteur, s'il ne résulte de la loi, de la volonté des parties ou des circonstances qu'il a été établi en faveur du créancier ou des deux parties. « La partie au bénéfice exclusif de qui le terme a été fixé peut y renoncer sans le consentement de l'autre. [** C. consom., art. L. 312-34 et L. 313-32]
Art. 1188 « Le débiteur ne peut plus réclamer le bénéfice du terme lorsque par son fait il a diminué les sûretés qu'il avait données par le contrat à son créancier.	**Art. 1305-4 – Déchéance du terme** « Le débiteur ne peut réclamer le bénéfice du terme s'il ne fournit pas les sûretés promises au créancier ou s'il diminue celles qui garantissent l'obligation. [** Autres cas, ex. : C. com., art. L. 144-6 (location-gérance) et L. 643-1 (liquidation judiciaire) ; C. consom., art. L. 312-39 et L. 313-36 (crédits)]
/	**Art. 1305-5 – Inopposabilité de la déchéance du terme** « La déchéance du terme encourue par un débiteur est inopposable à ses coobligés, même solidaires. [** Art. 2292 (contrat de cautionnement)]
Section 3 : L'obligation plurale *Sous-section 1 : La pluralité d'objets* *Paragraphe 1 : L'obligation cumulative*	
/	**Art. 1306 – Définition de l'obligation cumulative** « L'obligation est cumulative lorsqu'elle a pour objet plusieurs prestations et que seule l'exécution de la totalité de celles-ci libère le débiteur. [* Art. 1342 et 1342-4 (paiement)]

Paragraphe 2 : L'obligation alternative	
Art. 1189 « Le débiteur d'une obligation alternative est libéré par la délivrance de l'une des deux choses qui étaient comprises dans l'obligation. **Art. 1191** « Le débiteur peut se libérer en délivrant l'une des deux choses promises ; mais il ne peut pas forcer le créancier à recevoir une partie de l'une et une partie de l'autre. **Art. 1192** « L'obligation est pure et simple, quoique contractée d'une manière alternative, si l'une des deux choses promises ne pouvait être le sujet de l'obligation. **Art. 1196** « Les mêmes principes s'appliquent au cas où il y a plus de deux choses comprises dans l'obligation alternative.	**Art. 1307 – Définition de l'obligation alternative** « L'obligation est alternative lorsqu'elle a pour objet plusieurs prestations et que l'exécution de l'une d'elles libère le débiteur.
Art. 1190 « Le choix appartient au débiteur, s'il n'a pas été expressément accordé au créancier.	**Art. 1307-1 – Choix entre les prestations** « Le choix entre les prestations appartient au débiteur. « Si le choix n'est pas exercé dans le temps convenu ou dans un délai raisonnable, l'autre partie peut, après mise en demeure, exercer ce choix ou résoudre le contrat. « Le choix exercé est définitif et fait perdre à l'obligation son caractère alternatif.
	Art. 1307-2 – Force majeure « Si elle procède d'un cas de force majeure, l'impossibilité d'exécuter la prestation choisie libère le débiteur.
Art. 1193 « L'obligation alternative devient pure et simple, si l'une des choses promises périt et ne peut plus être livrée, même par la faute du débiteur. Le prix de cette chose ne peut pas être offert à sa place. « Si toutes deux sont péries, et que le débiteur soit en faute à l'égard de l'une d'elles, il doit payer le prix de celle qui a péri la dernière.	**Art. 1307-3 – Passivité du débiteur** « Le débiteur qui n'a pas fait connaître son choix doit, si l'une des prestations devient impossible, exécuter l'une des autres.
Art. 1194 « Lorsque, dans les cas prévus par l'article précédent, le choix avait été déféré par la convention au créancier, « Ou l'une des choses seulement est périe ; et alors, si c'est sans la faute du débiteur, le créancier doit avoir celle qui reste ; si le débiteur est en faute, le créancier peut demander la chose qui reste, ou le prix de celle qui est périe ; « Ou les deux choses sont péries ; et alors, si le débiteur est en faute à l'égard des deux, ou même à l'égard de l'une d'elles seulement, le créancier peut demander le prix de l'une ou de l'autre à son choix.	**Art. 1307-4 – Passivité du créancier** « Le créancier qui n'a pas fait connaître son choix doit, si l'une des prestations devient impossible à exécuter par suite d'un cas de force majeure, se contenter de l'une des autres.

Art. 1193, al. 2 « Si toutes deux sont péries, et que le débiteur soit en faute à l'égard de l'une d'elles, il doit payer le prix de celle qui a péri la dernière. **Art. 1195** « Si les deux choses sont péries sans la faute du débiteur, et avant qu'il soit en demeure, l'obligation est éteinte, conformément à l'article 1302.	**Art. 1307-5 – Impossibilité des prestations** « Lorsque les prestations deviennent impossibles, le débiteur n'est libéré que si l'impossibilité procède, pour chacune, d'un cas de force majeure.
Paragraphe 3 : L'obligation facultative	
/	**Art. 1308 – Définition et régime** « L'obligation est facultative lorsqu'elle a pour objet une certaine prestation mais que le débiteur a la faculté, pour se libérer, d'en fournir une autre. « L'obligation facultative est éteinte si l'exécution de la prestation initialement convenue devient impossible pour cause de force majeure. [* Art. 1342-4 (dation en paiement)]

Sous-section 2 : La pluralité de sujets	
Art. 1217 « L'obligation est divisible ou indivisible selon qu'elle a pour objet ou une chose qui dans sa livraison, ou un fait qui dans l'exécution, est ou n'est pas susceptible de division, soit matérielle, soit intellectuelle. **Art. 1218** « L'obligation est indivisible, quoique la chose ou le fait qui en est l'objet soit divisible par sa nature, si le rapport sous lequel elle est considérée dans l'obligation ne la rend pas susceptible d'exécution partielle. **Art. 1219** « La solidarité stipulée ne donne point à l'obligation le caractère d'indivisibilité. **Art. 1220** « L'obligation qui est susceptible de division doit être exécutée entre le créancier et le débiteur comme si elle était indivisible. La divisibilité n'a d'application qu'à l'égard de leurs héritiers, qui ne peuvent demander la dette ou qui ne sont tenus de la payer que pour les parts dont ils sont saisis ou dont ils sont tenus comme représentant le créancier ou le débiteur. **Art. 1221** « Le principe établi dans l'article précédent reçoit exception à l'égard des héritiers du débiteur : « 1° Dans le cas où la dette est hypothécaire ; « 2° Lorsqu'elle est d'un corps certain ; « 3° Lorsqu'il s'agit de la dette alternative de choses au choix du créancier, dont l'une est indivisible ; « 4° Lorsque l'un des héritiers est chargé seul, par le titre, de l'exécution de l'obligation ; « 5° Lorsqu'il résulte, soit de la nature de l'engagement, soit de la chose qui en fait l'objet, soit de la fin qu'on s'est proposée dans le contrat, que l'intention des contractants a été que la dette ne pût s'acquitter partiellement. « Dans les trois premiers cas, l'héritier qui possède la chose due ou le fonds hypothéqué à la dette, peut être poursuivi pour le tout sur la chose due ou sur le fonds hypothéqué, sauf le recours contre ses cohéritiers. Dans le quatrième cas, l'héritier seul chargé de la dette, et dans le cinquième cas, chaque héritier, peut aussi être poursuivi pour le tout ; sauf son recours contre ses cohéritiers.	**Art. 1309 – Divisibilité de l'obligation** « L'obligation qui lie plusieurs créanciers ou débiteurs se divise de plein droit entre eux. La division a lieu également entre leurs successeurs, l'obligation fût-elle solidaire. Si elle n'est pas réglée autrement par la loi ou par le contrat, la division a lieu par parts égales. « Chacun des créanciers n'a droit qu'à sa part de la créance commune ; chacun des débiteurs n'est tenu que de sa part de la dette commune. « Il n'en va autrement, dans les rapports entre les créanciers et les débiteurs, que si l'obligation est solidaire ou si la prestation due est indivisible.

Paragraphe 1 : L'obligation solidaire	
Art. 1202 « La solidarité ne se présume point ; il faut qu'elle soit expressément stipulée. « Cette règle ne cesse que dans les cas où la solidarité a lieu de plein droit, en vertu d'une disposition de la loi.	**Art. 1310 – Source de la solidarité** « La solidarité est légale ou conventionnelle ; elle ne se présume pas.
Art. 1197 « L'obligation est solidaire entre plusieurs créanciers lorsque le titre donne expressément à chacun d'eux le droit de demander le paiement du total de la créance, et que le paiement fait à l'un d'eux libère le débiteur, encore que le bénéfice de l'obligation soit partageable et divisible entre les divers créanciers. **Art. 1198** « Il est au choix du débiteur de payer à l'un ou l'autre des créanciers solidaires, tant qu'il n'a pas été prévenu par les poursuites de l'un d'eux. « Néanmoins, la remise qui n'est faite que par l'un des créanciers solidaires ne libère le débiteur que pour la part de ce créancier.	**Art. 1311 – Solidarité entre créanciers** « La solidarité entre créanciers permet à chacun d'eux d'exiger et de recevoir le paiement de toute la créance. Le paiement fait à l'un d'eux, qui en doit compte aux autres, libère le débiteur à l'égard de tous. « Le débiteur peut payer l'un ou l'autre des créanciers solidaires tant qu'il n'est pas poursuivi par l'un d'eux.
Art. 1199 « Tout acte qui interrompt la prescription à l'égard de l'un des créanciers solidaires profite aux autres	**Art. 1312 – Solidarité entre créanciers** « Tout acte qui interrompt ou suspend la prescription à l'égard de l'un des créanciers solidaires, profite aux autres créanciers.
Art. 1200 « Il y a solidarité de la part des débiteurs, lorsqu'ils sont obligés à une même chose, de manière que chacun puisse être contraint pour la totalité, et que le paiement fait par un seul libère les autres envers le créancier. **Art. 1203** « Le créancier d'une obligation contractée solidairement peut s'adresser à celui des débiteurs qu'il veut choisir, sans que celui-ci puisse lui opposer le bénéfice de division. **Art. 1204** « Les poursuites faites contre l'un des débiteurs n'empêchent pas le créancier d'en exercer de pareilles contre les autres.	**Art. 1313 – Solidarité entre débiteurs** « La solidarité entre les débiteurs oblige chacun d'eux à toute la dette. Le paiement fait par l'un d'eux les libère tous envers le créancier. « Le créancier peut demander le paiement au débiteur solidaire de son choix. Les poursuites exercées contre l'un des débiteurs solidaires n'empêchent pas le créancier d'en exercer de pareilles contre les autres. [** Art. 2245 (solidarité entre débiteur, prescription)]
Art. 1207 « La demande d'intérêts formée contre l'un des débiteurs solidaires fait courir les intérêts à l'égard de tous.	**Art. 1314 – Effets sur les intérêts moratoires** « La demande d'intérêts formée contre l'un des débiteurs solidaires fait courir les intérêts à l'égard de tous.

Art. 1208 « Le codébiteur solidaire poursuivi par le créancier peut opposer toutes les exceptions qui résultent de la nature de l'obligation, et toutes celles qui lui sont personnelles, ainsi que celles qui sont communes à tous les codébiteurs. « Il ne peut opposer les exceptions qui sont purement personnelles à quelques-uns des autres codébiteurs.	**Art. 1315 – Opposabilité des exceptions** « Le débiteur solidaire poursuivi par le créancier peut opposer les exceptions qui sont communes à tous les codébiteurs, telles que la nullité ou la résolution, et celles qui lui sont personnelles. Il ne peut opposer les exceptions qui sont personnelles à d'autres codébiteurs, telle que l'octroi d'un terme. Toutefois, lorsqu'une exception personnelle à un autre codébiteur éteint la part divise de celui-ci, notamment en cas de compensation ou de remise de dette, il peut s'en prévaloir pour la faire déduire du total de la dette.
Art. 1210 « Le créancier qui consent à la division de la dette à l'égard de l'un des codébiteurs, conserve son action solidaire contre les autres, mais sous la déduction de la part du débiteur qu'il a déchargé de la solidarité. **Art. 1211** « Le créancier qui reçoit divisément la part de l'un des débiteurs, sans réserver dans la quittance la solidarité ou ses droits en général, ne renonce à la solidarité qu'à l'égard de ce débiteur. « Le créancier n'est pas censé remettre la solidarité au débiteur lorsqu'il reçoit de lui une somme égale à la portion dont il est tenu, si la quittance ne porte pas que c'est pour sa part. « Il en est de même de la simple demande formée contre l'un des codébiteurs pour sa part, si celui-ci n'a pas acquiescé à la demande, ou s'il n'est pas intervenu un jugement de condamnation.	**Art. 1316 – Remise de solidarité** « Le créancier qui reçoit paiement de l'un des codébiteurs solidaires et lui consent une remise de solidarité conserve sa créance contre les autres, déduction faite de la part du débiteur qu'il a déchargé.
Art. 1213 « L'obligation contractée solidairement envers le créancier se divise de plein droit entre les débiteurs, qui n'en sont tenus entre eux que chacun pour sa part et portion. **Art. 1214** « Le codébiteur d'une dette solidaire, qui l'a payée en entier, ne peut répéter contre les autres que les part et portion de chacun d'eux. « Si l'un d'eux se trouve insolvable, la perte qu'occasionne son insolvabilité se répartit, par contribution, entre tous les autres codébiteurs solvables et celui qui a fait le paiement. **Art. 1215** « Dans le cas où le créancier a renoncé à l'action solidaire envers l'un des débiteurs, si l'un ou plusieurs des autres codébiteurs deviennent insolvables, la portion des insolvables sera contributoirement répartie entre tous les débiteurs, même entre ceux précédemment déchargés de la solidarité par le créancier.	**Art. 1317 – Contribution à la dette** « Entre eux, les codébiteurs solidaires ne contribuent à la dette que chacun pour sa part. « Celui qui a payé au-delà de sa part dispose d'un recours contre les autres à proportion de leur propre part. « Si l'un d'eux est insolvable, sa part se répartit, par contribution, entre les codébiteurs solvables, y compris celui qui a fait le paiement et celui qui a bénéficié d'une remise de solidarité.

Art. 1216 « Si l'affaire pour laquelle la dette a été contractée solidairement ne concernait que l'un des coobligés solidaires, celui-ci serait tenu de toute la dette vis-à-vis des autres codébiteurs, qui ne seraient considérés par rapport à lui que comme ses cautions.	**Art. 1318 – Dette dans l'intérêt exclusif d'un codébiteur** « Si la dette procède d'une affaire qui ne concerne que l'un des codébiteurs solidaires, celui-ci est seul tenu de la dette à l'égard des autres. S'il l'a payée, il ne dispose d'aucun recours contre ses codébiteurs. Si ceux-ci l'ont payée, ils disposent d'un recours contre lui.
Art. 1205 « Si la chose due a péri par la faute ou pendant la demeure de l'un ou de plusieurs des débiteurs solidaires, les autres codébiteurs ne sont point déchargés de l'obligation de payer le prix de la chose ; mais ceux-ci ne sont point tenus des dommages et intérêts. « Le créancier peut seulement répéter les dommages et intérêts tant contre les débiteurs par la faute desquels la chose a péri, que contre ceux qui étaient en demeure.	**Art. 1319 – Conséquence de l'inexécution par l'un des codébiteurs de son obligation** « Les codébiteurs solidaires répondent solidairement de l'inexécution de l'obligation. La charge en incombe à titre définitif à ceux auxquels l'inexécution est imputable.

Paragraphe 2 : L'obligation à prestation indivisible	
Art. 1217 « L'obligation est divisible ou indivisible selon qu'elle a pour objet ou une chose qui dans sa livraison, ou un fait qui dans l'exécution, est ou n'est pas susceptible de division, soit matérielle, soit intellectuelle. **Art. 1218** « L'obligation est indivisible, quoique la chose ou le fait qui en est l'objet soit divisible par sa nature, si le rapport sous lequel elle est considérée dans l'obligation ne la rend pas susceptible d'exécution partielle. **Art. 1219** « La solidarité stipulée ne donne point à l'obligation le caractère d'indivisibilité. **Art. 1222** « Chacun de ceux qui ont contracté conjointement une dette indivisible, en est tenu pour le total, encore que l'obligation n'ait pas été contractée solidairement. **Art. 1223** « Il en est de même à l'égard des héritiers de celui qui a contracté une pareille obligation. **Art. 1224** « Chaque héritier du créancier peut exiger en totalité l'exécution de l'obligation indivisible. « Il ne peut seul faire la remise de la totalité de la dette ; il ne peut recevoir seul le prix au lieu de la chose. Si l'un des héritiers a seul remis la dette ou reçu le prix de la chose, son cohéritier ne peut demander la chose indivisible qu'en tenant compte de la portion du cohéritier qui a fait la remise ou qui a reçu le prix. **Art. 1225** « L'héritier du débiteur, assigné pour la totalité de l'obligation, peut demander un délai pour mettre en cause ses cohéritiers, à moins que la dette ne soit de nature à ne pouvoir être acquittée que par l'héritier assigné, qui peut alors être condamné seul, sauf son recours en indemnité contre ses cohéritiers.	**Art. 1320 – Définition de l'obligation à prestation indivisible** « Chacun des créanciers d'une obligation à prestation indivisible, par nature ou par contrat, peut en exiger et en recevoir le paiement intégral, sauf à rendre compte aux autres ; mais il ne peut seul disposer de la créance ni recevoir le prix au lieu de la chose. « Chacun des débiteurs d'une telle obligation en est tenu pour le tout ; mais il a ses recours en contribution contre les autres. « Il en va de même pour chacun des successeurs de ces créanciers et débiteurs.

Chapitre II : Les opérations sur obligations *Section 1 : La cession de créance*	
Art. 1689 « Dans le transport d'une créance (...) la délivrance s'opère entre le cédant et le cessionnaire par la remise du titre. **Art. 1692** « La vente ou cession d'une créance comprend les accessoires de la créance, tels que caution, privilège et hypothèque.	**Art. 1321 – Définition et objet** « La cession de créance est un contrat par lequel le créancier cédant transmet, à titre onéreux ou gratuit, tout ou partie de sa créance contre le débiteur cédé à un tiers appelé le cessionnaire. « Elle peut porter sur une ou plusieurs créances présentes ou futures, déterminées ou déterminables. « Elle s'étend aux accessoires de la créance. « Le consentement du débiteur n'est pas requis, à moins que la créance ait été stipulée incessible. [* Art. 1701-1 : art. 1689 à 1691 et 1693 (inapplicables aux cessions de créances), art. 1696 à 1701 (applicables par renvoi) ; C. com., art. L. 442-6, II, b (pratiques restrictives)]
	Art. 1322 – Écrit à titre de validité « La cession de créance doit être constatée par écrit, à peine de nullité. [** C. mon. fin., art. L. 313-27 (cession des créances professionnelles)]
Art. 1689 « Dans le transport d'une créance, (...) sur un tiers, la délivrance s'opère entre le cédant et le cessionnaire par la remise du titre.	**Art. 1323 – Situation du débiteur cédé** « Entre les parties, le transfert de la créance s'opère à la date de l'acte. « Il est opposable aux tiers dès ce moment. En cas de contestation, la preuve de la date de la cession incombe au cessionnaire, qui peut la rapporter par tout moyen. « Toutefois, le transfert d'une créance future n'a lieu qu'au jour de sa naissance, tant entre les parties que vis-à-vis des tiers. [** Rappr. Art. 1583 (vente)]
Art. 1690 « Le cessionnaire n'est saisi à l'égard des tiers que par la signification du transport faite au débiteur. « Néanmoins, le cessionnaire peut être également saisi par l'acceptation du transport faite par le débiteur dans un acte authentique. **Art. 1691** « Si, avant que le cédant ou le cessionnaire eût signifié le transport au débiteur, celui-ci avait payé le cédant, il sera valablement libéré. **Art. 1295** « Le débiteur qui a accepté purement et simplement la cession qu'un créancier a faite de ses droits à un tiers, ne peut plus opposer au cessionnaire la compensation qu'il eût pu, avant l'acceptation, opposer au cédant. « À l'égard de la cession qui n'a point été acceptée par le débiteur, mais qui lui a été signifiée, elle n'empêche que la compensation des créances postérieures à cette notification.	**Art. 1324 – Formaliste à titre d'opposabilité** « La cession n'est opposable au débiteur, s'il n'y a déjà consenti, que si elle lui a été notifiée ou s'il en a pris acte. « Le débiteur peut opposer au cessionnaire les exceptions inhérentes à la dette, telles que la nullité, l'exception d'inexécution, la résolution ou la compensation des dettes connexes. Il peut également opposer les exceptions nées de ses rapports avec le cédant avant que la cession lui soit devenue opposable, telles que l'octroi d'un terme, la remise de dette ou la compensation de dettes non connexes. « Le cédant et le cessionnaire sont solidairement tenus de tous les frais supplémentaires occasionnés par la cession dont le débiteur n'a pas à faire l'avance. Sauf clause contraire, la charge de ces frais incombe au cessionnaire.

	Art. 1325 – Concours entre cessionnaires successifs « Le concours entre cessionnaires successifs d'une créance se résout en faveur du premier en date ; il dispose d'un recours contre celui auquel le débiteur aurait fait un paiement.
Art. 1693 « Celui qui vend une créance ou autre droit incorporel doit en garantir l'existence au temps du transport, quoiqu'il soit fait sans garantie. **Art. 1694** « Il ne répond de la solvabilité du débiteur que lorsqu'il s'y est engagé, et jusqu'à concurrence seulement du prix qu'il a retiré de la créance. **Art. 1695** « Lorsqu'il a promis la garantie de la solvabilité du débiteur, cette promesse ne s'entend que de la solvabilité actuelle, et ne s'étend pas au temps à venir, si le cédant ne l'a expressément stipulé.	**Art. 1326 – Garantie due par le cédant** « Celui qui cède une créance à titre onéreux garantit l'existence de la créance et de ses accessoires, à moins que le cessionnaire l'ait acquise à ses risques et périls ou qu'il ait connu le caractère incertain de la créance. « Il ne répond de la solvabilité du débiteur que lorsqu'il s'y est engagé, et jusqu'à concurrence du prix qu'il a pu retirer de la cession de sa créance. « Lorsque le cédant a garanti la solvabilité du débiteur, cette garantie ne s'entend que de la solvabilité actuelle ; elle peut toutefois s'étendre à la solvabilité à l'échéance, mais à la condition que le cédant l'ait expressément spécifié. [* Art. 1107 ** Art. 1693 (cession d'un droit ou d'une action)]
Section 2 : La cession de dette	
/	**Art. 1327 – Admission de la cession de dette** « Un débiteur peut, avec l'accord du créancier, céder sa dette.
/	**Art. 1327-1 – Opposabilité au créancier** « Le créancier, s'il a par avance donné son accord à la cession ou n'y est pas intervenu, ne peut se la voir opposer ou s'en prévaloir que du jour où elle lui a été notifiée ou dès qu'il en a pris acte.
/	**Art. 1327-2 – Libération du cédant** « Si le créancier y consent expressément, le débiteur originaire est libéré pour l'avenir. À défaut, et sauf clause contraire, il est tenu solidairement au paiement de la dette.
/	**Art. 1328 – Opposabilité des exceptions** « Le débiteur substitué, et le débiteur originaire s'il reste tenu, peuvent opposer au créancier les exceptions inhérentes à la dette, telles que la nullité, l'exception d'inexécution, la résolution ou la compensation de dettes connexes. Chacun peut aussi opposer les exceptions qui lui sont personnelles.

/	**Art. 1328-1 – Sort des sûretés et des codébiteurs** « Lorsque le débiteur originaire n'est pas déchargé par le créancier, les sûretés subsistent. Dans le cas contraire, les sûretés consenties par des tiers ne subsistent qu'avec leur accord. « Si le cédant est déchargé, ses codébiteurs solidaires restent tenus déduction faite de sa part dans la dette.

Section 3 : La novation

Art. 1271 « La novation s'opère de trois manières : « 1° Lorsque le débiteur contracte envers son créancier une nouvelle dette qui est substituée à l'ancienne, laquelle est éteinte ; « 2° Lorsqu'un nouveau débiteur est substitué à l'ancien qui est déchargé par le créancier ; « 3° Lorsque, par l'effet d'un nouvel engagement, un nouveau créancier est substitué à l'ancien, envers lequel le débiteur se trouve déchargé.	**Art. 1329 – Définition de la novation** « La novation est un contrat qui a pour objet de substituer à une obligation, qu'elle éteint, une obligation nouvelle qu'elle crée. « Elle peut avoir lieu par substitution d'obligation entre les mêmes parties, par changement de débiteur ou par changement de créancier.
Art. 1273 « La novation ne se présume point ; il faut que la volonté de l'opérer résulte clairement de l'acte.	**Art. 1330 – Caractère exprès** « La novation ne se présume pas ; la volonté de l'opérer doit résulter clairement de l'acte.
/	**Art. 1331 – Conditions tenant aux obligations** « La novation n'a lieu que si l'obligation ancienne et l'obligation nouvelle sont l'une et l'autre valables, à moins qu'elle n'ait pour objet déclaré de substituer un engagement valable à un engagement entaché d'un vice.
Art. 1274 « La novation par la substitution d'un nouveau débiteur peut s'opérer sans le concours du premier débiteur.	**Art. 1332 – Novation par changement de débiteur** « La novation par changement de débiteur peut s'opérer sans le concours du premier débiteur.
/	**Art. 1333 – Novation par changement de créancier** « La novation par changement de créancier requiert le consentement du débiteur. Celui-ci peut, par avance, accepter que le nouveau créancier soit désigné par le premier. « La novation est opposable aux tiers à la date de l'acte. En cas de contestation de la date de la novation, la preuve en incombe au nouveau créancier, qui peut l'apporter par tout moyen.

Art. 1278 « Les privilèges et hypothèques de l'ancienne créance ne passent point à celle qui lui est substituée, à moins que le créancier ne les ait expressément réservés. **Art. 1279** « Lorsque la novation s'opère par la substitution d'un nouveau débiteur, les privilèges et hypothèques primitifs de la créance ne peuvent point passer sur les biens du nouveau débiteur. Les privilèges et hypothèques primitifs de la créance peuvent être réservés, avec le consentement des propriétaires des biens grevés, pour la garantie de l'exécution de l'engagement du nouveau débiteur. **Art. 1280** « Lorsque la novation s'opère entre le créancier et l'un des débiteurs solidaires, les privilèges et hypothèques de l'ancienne créance ne peuvent être réservés que sur les biens de celui qui contracte la nouvelle dette.	**Art. 1334 – Effet de la novation** « L'extinction de l'obligation ancienne s'étend à tous ses accessoires. « Par exception, les sûretés d'origine peuvent être réservées pour la garantie de la nouvelle obligation avec le consentement des tiers garants.
Art. 1281 « Par la novation faite entre le créancier et l'un des débiteurs solidaires, les codébiteurs sont libérés. « La novation opérée à l'égard du débiteur principal libère les cautions. « Néanmoins, si le créancier a exigé, dans le premier cas, l'accession des codébiteurs, ou, dans le second, celles des cautions, l'ancienne créance subsiste, si les codébiteurs ou les cautions refusent d'accéder au nouvel arrangement.	**Art. 1335 – Sort des codébiteurs solidaires ou des cofidéjusseurs** « La novation convenue entre le créancier et l'un des codébiteurs solidaires libère les autres. « La novation convenue entre le créancier et une caution ne libère pas le débiteur principal. Elle libère les autres cautions à concurrence de la part contributive de celle dont l'obligation a fait l'objet de la novation.
Section 4 : La délégation	
Art. 1275 « La délégation par laquelle un débiteur donne au créancier un autre débiteur qui s'oblige envers le créancier, n'opère point de novation, si le créancier n'a expressément déclaré qu'il entendait décharger son débiteur qui a fait la délégation.	**Art. 1336 – Définition et inopposabilité des exceptions** « La délégation est une opération par laquelle une personne, le délégant, obtient d'une autre, le délégué, qu'elle s'oblige envers une troisième, le délégataire, qui l'accepte comme débiteur. « Le délégué ne peut, sauf stipulation contraire, opposer au délégataire aucune exception tirée de ses rapports avec le délégant ou des rapports entre ce dernier et le délégataire.
Art 1275, préc. **Art. 1276** « Le créancier qui a déchargé le débiteur par qui a été faite la délégation, n'a point de recours contre ce débiteur, si le délégué devient insolvable, à moins que l'acte n'en contienne une réserve expresse, ou que le délégué ne fût déjà en faillite ouverte, ou tombé en déconfiture au moment de la délégation.	**Art. 1337 – Effets de la délégation parfaite** « Lorsque le délégant est débiteur du délégataire et que la volonté du délégataire de décharger le délégant résulte expressément de l'acte, la délégation opère novation. « Toutefois, le délégant demeure tenu s'il s'est expressément engagé à garantir la solvabilité future du délégué ou si ce dernier se trouve soumis à une procédure d'apurement de ses dettes lors de la délégation. [* Art. 1329 et 1332]

Art. 1275, préc.	**Art. 1338 – Effets de la délégation imparfaite** « Lorsque le délégant est débiteur du délégataire mais que celui-ci ne l'a pas déchargé de sa dette, la délégation donne au délégataire un second débiteur. « Le paiement fait par l'un des deux débiteurs libère l'autre, à due concurrence.
	Art. 1339 – Effet sur la créance du délégant sur le délégué « Lorsque le délégant est créancier du délégué, sa créance ne s'éteint que par l'exécution de l'obligation du délégué envers le délégataire et à due concurrence. « Jusque-là, le délégant ne peut en exiger ou en recevoir le paiement que pour la part qui excéderait l'engagement du délégué. Il ne recouvre ses droits qu'en exécutant sa propre obligation envers le délégataire. « La cession ou la saisie de la créance du délégant ne produisent effet que sous les mêmes limitations. « Toutefois, si le délégataire a libéré le délégant, le délégué est lui-même libéré à l'égard du délégant, à concurrence du montant de son engagement envers le délégataire.
Art. 1277 « La simple indication faite, par le débiteur, d'une personne qui doit payer à sa place, n'opère point novation. « Il en est de même de la simple indication faite, par le créancier, d'une personne qui doit recevoir pour lui.	**Art. 1340 – Indication de paiement** « La simple indication faite par le débiteur d'une personne désignée pour payer à sa place n'emporte ni novation, ni délégation. Il en est de même de la simple indication faite, par le créancier, d'une personne désignée pour recevoir le paiement pour lui.
Chapitre III : Les actions ouvertes au créancier	
	Art. 1341 – Droit à l'exécution forcée « Le créancier a droit à l'exécution de l'obligation ; il peut y contraindre le débiteur dans les conditions prévues par la loi. [* Art. 1217, 1221 et 1222 ** CPC exéc., art., L. 131-1 à L. 131-4 (astreinte)]
Art. 1166 « Néanmoins, les créanciers peuvent exercer tous les droits et actions de leur débiteur, à l'exception de ceux qui sont exclusivement attachés à la personne.	**Art. 1341-1 – Action oblique** « Lorsque la carence du débiteur dans l'exercice de ses droits et actions à caractère patrimonial compromet les droits de son créancier, celui-ci peut les exercer pour le compte de son débiteur, à l'exception de ceux qui sont exclusivement rattachés à sa personne.
Art. 1167 « Ils peuvent aussi, en leur nom personnel, attaquer les actes faits par leur débiteur en fraude de leurs droits. « Ils doivent néanmoins, quant à leurs droits énoncés au titre «Des successions» et au titre «Du contrat de mariage et des régimes matrimoniaux», se conformer aux règles qui y sont prescrites.	**Art. 1341-2 – Action paulienne** « Le créancier peut aussi agir en son nom personnel pour faire déclarer inopposables à son égard les actes faits par son débiteur en fraude de ses droits, à charge d'établir, s'il s'agit d'un acte à titre onéreux, que le tiers cocontractant avait connaissance de la fraude. [* Art. 1107 ** Art. 882 (partage), 1447 (séparation de biens)]

	Art. 1341-3 – Action directe « Dans les cas déterminés par la loi, le créancier peut agir directement en paiement de sa créance contre un débiteur de son débiteur. [** Art. 1753 (sous-locataire), 1798 (louage d'ouvrage), 1994 (mandataire substitué) ; C. assur., art. L. 124-3 (assurances de responsabilité) ; art. 12 et s. de la loi n° 75-1334 du 31 décembre 1975 relative à la sous-traitance]
Chapitre IV : L'extinction de l'obligation *Section 1 : Le paiement* *Sous-section 1 : Dispositions générales*	
Art. 1234 « Les obligations s'éteignent : « Par le paiement, (...)	**Art. 1342 – Définition, moment et effets du paiement** « Le paiement est l'exécution volontaire de la prestation due. « Il doit être fait sitôt que la dette devient exigible. « Il libère le débiteur à l'égard du créancier et éteint la dette, sauf lorsque la loi ou le contrat prévoit une subrogation dans les droits du créancier.
Art. 1236 « Une obligation peut être acquittée par toute personne qui y est intéressée, telle qu'un coobligé ou une caution. « L'obligation peut même être acquittée par un tiers qui n'y est point intéressé, pourvu que ce tiers agisse au nom et en l'acquit du débiteur, ou que, s'il agit en son nom propre, il ne soit pas subrogé aux droits du créancier. **Art. 1237** « L'obligation de faire ne peut être acquittée par un tiers contre le gré du créancier, lorsque ce dernier a intérêt qu'elle soit remplie par le débiteur lui-même.	**Art. 1342-1 – Auteur du paiement** « Le paiement peut être fait même par une personne qui n'y est pas tenue, sauf refus légitime du créancier. [* Art. 1346 (subrogation légale) et 1346-1 et -2 (subrogation conventionnelle)]
Art. 1239 « Le paiement doit être fait au créancier, ou à quelqu'un ayant pouvoir de lui, ou qui soit autorisé par justice ou par la loi à recevoir pour lui. « Le paiement fait à celui qui n'aurait pas pouvoir de recevoir pour le créancier, est valable, si celui-ci le ratifie, ou s'il en a profité. **Art. 1241** « Le paiement fait au créancier n'est point valable s'il était incapable de le recevoir, à moins que le débiteur ne prouve que la chose payée a tourné au profit du créancier.	**Art. 1342-2 – Bénéficiaire du paiement** « Le paiement doit être fait au créancier ou à la personne désignée pour le recevoir. « Le paiement fait à une personne qui n'avait pas qualité pour le recevoir est néanmoins valable si le créancier le ratifie ou s'il en a profité. « Le paiement fait à un créancier dans l'incapacité de contracter n'est pas valable, s'il n'en a tiré profit.
Art. 1240 « Le paiement fait de bonne foi à celui qui est en possession de la créance est valable, encore que le possesseur en soit par la suite évincé.	**Art. 1342-3 – Paiement au créancier apparent** « Le paiement fait de bonne foi à un créancier apparent est valable.

Art. 1244 « Le débiteur ne peut forcer le créancier à recevoir en partie le paiement d'une dette, même divisible. **Art. 1243** « Le créancier ne peut être contraint de recevoir une autre chose que celle qui lui est due, quoique la valeur de la chose offerte soit égale ou même plus grande.	**Art. 1342-4 – Paiement partiel et dation en paiement** « Le créancier peut refuser un paiement partiel même si la prestation est divisible. « Il peut accepter de recevoir en paiement autre chose que ce qui lui est dû. [* Art. 1320 (obligation à prestation indivisible), 1343-1 (imputation sur le principe), 1346-3 (subrogation)]
Art. 1245 « Le débiteur d'un corps certain et déterminé est libéré par la remise de la chose en l'état où elle se trouve lors de la livraison, pourvu que les détériorations qui y sont survenues ne viennent point de son fait ou de sa faute, ni de celle des personnes dont il est responsable, ou qu'avant ces détériorations il ne fût pas en demeure.	**Art. 1342-5 – Exécution de l'obligation de délivrance** « Le débiteur d'une obligation de remettre un corps certain est libéré par sa remise au créancier en l'état, sauf à prouver, en cas de détérioration, que celle-ci n'est pas due à son fait ou à celui de personnes dont il doit répondre.
Art. 1247 « Le paiement doit être exécuté dans le lieu désigné par la convention. Si le lieu n'y est pas désigné, le paiement, lorsqu'il s'agit d'un corps certain et déterminé, doit être fait dans le lieu où était, au temps de l'obligation, la chose qui en fait l'objet. « Les aliments alloués en justice doivent être versés, sauf décision contraire du juge, au domicile ou à la résidence de celui qui doit les recevoir. « Hors ces cas, le paiement doit être fait au domicile du débiteur.	**Art. 1342-6 – Quérabilité du paiement** « À défaut d'une autre désignation par la loi, le contrat ou le juge, le paiement doit être fait au domicile du débiteur. [** Art. 1609 (vente)]
Art. 1248 « Les frais du paiement sont à la charge du débiteur.	**Art. 1342-7 – Frais de paiement** « Les frais du paiement sont à la charge du débiteur. [** CPC exéc., art. L. 125-1]
	Art. 1342-8 – Preuve du paiement « Le paiement se prouve par tout moyen.
Art. 1282 « La remise volontaire du titre original sous signature privée, par le créancier au débiteur, fait preuve de la libération. **Art. 1283** « La remise volontaire de la grosse du titre fait présumer la remise de la dette ou le paiement, sans préjudice de la preuve contraire. **Art. 1284** « La remise du titre original sous signature privée, ou de la grosse du titre, à l'un des débiteurs solidaires, a le même effet au profit de ses codébiteurs. **Art. 1285** « La remise ou décharge conventionnelle au profit de l'un des codébiteurs solidaires, libère tous les autres, à moins que le créancier n'ait expressément réservé ses droits contre ces derniers. « Dans ce dernier cas, il ne peut plus répéter la dette que déduction faite de la part de celui auquel il a fait la remise.	**Art. 1342-9 – Présomption de libération par remise du titre** « La remise volontaire par le créancier au débiteur de l'original sous signature privée ou de la copie exécutoire du titre de sa créance vaut présomption simple de libération. « La même remise à l'un des codébiteurs solidaires produit le même effet à l'égard de tous.

Art. 1253 « Le débiteur de plusieurs dettes a le droit de déclarer, lorsqu'il paye, quelle dette il entend acquitter. **Art. 1254** « Le débiteur d'une dette qui porte intérêt ou produit des arrérages ne peut point, sans le consentement du créancier, imputer le paiement qu'il fait sur le capital par préférence aux arrérages ou intérêts : le paiement fait sur le capital et intérêts, mais qui n'est point intégral, s'impute d'abord sur les intérêts. **Art. 1255** « Lorsque le débiteur de diverses dettes a accepté une quittance par laquelle le créancier a imputé ce qu'il a reçu sur l'une de ces dettes spécialement, le débiteur ne peut plus demander l'imputation sur une dette différente, à moins qu'il n'y ait eu dol ou surprise de la part du créancier. **Art. 1256** « Lorsque la quittance ne porte aucune imputation, le paiement doit être imputé sur la dette que le débiteur avait pour lors le plus d'intérêt d'acquitter entre celles qui sont pareillement échues ; sinon, sur la dette échue, quoique moins onéreuse que celles qui ne le sont point. « Si les dettes sont d'égale nature, l'imputation se fait sur la plus ancienne ; toutes choses égales, elle se fait proportionnellement.	**Art. 1342-10 – Imputation des paiements** « Le débiteur de plusieurs dettes peut indiquer, lorsqu'il paie, celle qu'il entend acquitter. « À défaut d'indication par le débiteur, l'imputation a lieu comme suit : d'abord sur les dettes échues ; parmi celles-ci, sur les dettes que le débiteur avait le plus d'intérêt d'acquitter. À égalité d'intérêt, l'imputation se fait sur la plus ancienne ; toutes choses égales, elle se fait proportionnellement.
Sous-section 2 : Dispositions particulières aux obligations de sommes d'argent	
/	**Art. 1343 – Nominalisme** « Le débiteur d'une obligation de somme d'argent se libère par le versement de son montant nominal. « Le montant de la somme due peut varier par le jeu de l'indexation. « Le débiteur d'une dette de valeur se libère par le versement de la somme d'argent résultant de sa liquidation. [** C. mon. fin., art. L. 112-1 à L. 112-4 (indexation)]
Art. 1254 « Le débiteur d'une dette qui porte intérêt ou produit des arrérages ne peut point, sans le consentement du créancier, imputer le paiement qu'il fait sur le capital par préférence aux arrérages ou intérêts : le paiement fait sur le capital et intérêts, mais qui n'est point intégral, s'impute d'abord sur les intérêts. **Art. 1907** « L'intérêt est légal ou conventionnel. L'intérêt légal est fixé par la loi. L'intérêt conventionnel peut excéder celui de la loi, toutes les fois que la loi ne le prohibe pas. « Le taux de l'intérêt conventionnel doit être fixé par écrit.	**Art. 1343-1 – Montant : le principal et les intérêts** « Lorsque l'obligation de somme d'argent porte intérêt, le débiteur se libère en versant le principal et les intérêts. Le paiement partiel s'impute d'abord sur les intérêts. « L'intérêt est accordé par la loi ou stipulé dans le contrat. Le taux de l'intérêt conventionnel doit être fixé par écrit. Il est réputé annuel par défaut. [** Art. 1907 (prêt à intérêt)]

Art. 1154 « Les intérêts échus des capitaux peuvent produire des intérêts, ou par une demande judiciaire, ou par une convention spéciale, pourvu que, soit dans la demande, soit dans la convention, il s'agisse d'intérêts dus au moins pour une année entière.	**Art. 1343-2 – Anatocisme** « Les intérêts échus, dus au moins pour une année entière, produisent intérêt si le contrat l'a prévu ou si une décision de justice le précise.
	Art. 1343-3 – Monnaie du paiement « Le paiement, en France, d'une obligation de somme d'argent s'effectue en euros. Toutefois, le paiement peut avoir lieu en une autre devise si l'obligation ainsi libellée procède d'un contrat international ou d'un jugement étranger.
Art. 1247 « Le paiement doit être exécuté dans le lieu désigné par la convention. Si le lieu n'y est pas désigné, le paiement, lorsqu'il s'agit d'un corps certain et déterminé, doit être fait dans le lieu où était, au temps de l'obligation, la chose qui en fait l'objet. « Les aliments alloués en justice doivent être versés, sauf décision contraire du juge, au domicile ou à la résidence de celui qui doit les recevoir. « Hors ces cas, le paiement doit être fait au domicile du débiteur.	**Art. 1343-4 – Portabilité du paiement** « À défaut d'une autre désignation par la loi, le contrat ou le juge, le lieu du paiement de l'obligation de somme d'argent est le domicile du créancier. [** C. assur., art. L. 113-3 (prime d'assurance) ; C. com., art. L. 626-21 (plan de sauvegarde)]
Art. 1244-1 « Toutefois, compte tenu de la situation du débiteur et en considération des besoins du créancier, le juge peut, dans la limite de deux années, reporter ou échelonner le paiement des sommes dues. « Par décision spéciale et motivée, le juge peut prescrire que les sommes correspondant aux échéances reportées porteront intérêt à un taux réduit qui ne peut être inférieur au taux légal ou que les paiements s'imputeront d'abord sur le capital. « En outre, il peut subordonner ces mesures à l'accomplissement, par le débiteur, d'actes propres à faciliter ou à garantir le paiement de la dette. « Les dispositions du présent article ne s'appliquent pas aux dettes d'aliments. **Art. 1244-2** « La décision du juge, prise en application de l'article 1244-1, suspend les procédures d'exécution qui auraient été engagées par le créancier. Les majorations d'intérêts ou les pénalités encourues à raison du retard cessent d'être dues pendant le délai fixé par le juge. **Art. 1244-3** « Toute stipulation contraire aux dispositions des articles 1244-1 et 1244-2 est réputée non écrite.	**Art. 1343-5 – Délai de grâce** « Le juge peut, compte tenu de la situation du débiteur et en considération des besoins du créancier, reporter ou échelonner, dans la limite de deux années, le paiement des sommes dues. « Par décision spéciale et motivée, il peut ordonner que les sommes correspondant aux échéances reportées porteront intérêt à un taux réduit au moins égal au taux légal, ou que les paiements s'imputeront d'abord sur le capital. « Il peut subordonner ces mesures à l'accomplissement par le débiteur d'actes propres à faciliter ou à garantir le paiement de la dette. « La décision du juge suspend les procédures d'exécution qui auraient été engagées par le créancier. Les majorations d'intérêts ou les pénalités prévues en cas de retard ne sont pas encourues pendant le délai fixé par le juge. « Toute stipulation contraire est réputée non écrite. « Les dispositions du présent article ne sont pas applicables aux dettes d'aliment. [* Art. 1305]

Sous-section 3 : La mise en demeure *Paragraphe 1 : La mise en demeure du débiteur*	
Art. 1139 « Le débiteur est constitué en demeure, soit par une sommation ou par autre acte équivalent, telle une lettre missive lorsqu'il ressort de ses termes une interpellation suffisante, soit par l'effet de la convention, lorsqu'elle porte que, sans qu'il soit besoin d'acte et par la seule échéance du terme, le débiteur sera en demeure.	**Art. 1344 – Forme de la mise en demeure** « Le débiteur est mis en demeure de payer soit par une sommation ou un acte portant interpellation suffisante, soit, si le contrat le prévoit, par la seule exigibilité de l'obligation.
Art. 1153 « Dans les obligations qui se bornent au paiement d'une certaine somme, les dommages-intérêts résultant du retard dans l'exécution ne consistent jamais que dans la condamnation aux intérêts au taux légal, sauf les règles particulières au commerce et au cautionnement. « Ces dommages et intérêts sont dus sans que le créancier soit tenu de justifier d'aucune perte. « Ils ne sont dus que du jour de la sommation de payer, ou d'un autre acte équivalent telle une lettre missive s'il en ressort une interpellation suffisante, excepté dans le cas où la loi les fait courir de plein droit. « Le créancier auquel son débiteur en retard a causé, par sa mauvaise foi, un préjudice indépendant de ce retard, peut obtenir des dommages et intérêts distincts des intérêts moratoires de la créance.	**Art. 1344-1 – Mise en demeure et intérêts moratoires** « La mise en demeure de payer une obligation de somme d'argent fait courir l'intérêt moratoire, au taux légal, sans que le créancier soit tenu de justifier d'un préjudice. [* Art. 1231-6 (intérêts moratoires)]
Art. 1138, al. 2 « Elle rend le créancier propriétaire et met la chose à ses risques dès l'instant où elle a dû être livrée, encore que la tradition n'en ait point été faite, à moins que le débiteur ne soit en demeure de la livrer ; auquel cas la chose reste aux risques de ce dernier. **Art. 1302** « Lorsque le corps certain et déterminé qui était l'objet de l'obligation vient à périr, est mis hors du commerce, ou se perd de manière qu'on en ignore absolument l'existence, l'obligation est éteinte si la chose a péri ou a été perdue sans la faute du débiteur et avant qu'il fût en demeure. « Lors même que le débiteur est en demeure, et s'il ne s'est pas chargé des cas fortuits, l'obligation est éteinte dans le cas où la chose fût également périe chez le créancier si elle lui eût été livrée. « Le débiteur est tenu de prouver le cas fortuit qu'il allègue. « De quelque manière que la chose volée ait péri ou ait été perdue, sa perte ne dispense pas celui qui l'a soustraite, de la restitution du prix.	**Art. 1344-2 – Mise en demeure et charge des risques** « La mise en demeure de délivrer une chose met les risques à la charge du débiteur, s'ils n'y sont déjà. [* Art. 1196 (transfert de la propriété et des risques)]

Paragraphe 2 : La mise en demeure du créancier	
Art. 1257 « Lorsque le créancier refuse de recevoir son paiement, le débiteur peut lui faire des offres réelles et, au refus du créancier de les accepter, consigner la somme ou la chose offerte. « Les offres réelles suivies d'une consignation libèrent le débiteur ; elles tiennent lieu à son égard de paiement, lorsqu'elles sont valablement faites, et la chose ainsi consignée demeure aux risques du créancier.	**Art. 1345 – Refus de recevoir le paiement** « Lorsque le créancier, à l'échéance et sans motif légitime, refuse de recevoir le paiement qui lui est dû ou l'empêche par son fait, le débiteur peut le mettre en demeure d'en accepter ou d'en permettre l'exécution. « La mise en demeure du créancier arrête le cours des intérêts dus par le débiteur et met les risques de la chose à la charge du créancier, s'ils n'y sont déjà, sauf faute lourde ou dolosive du débiteur. « Elle n'interrompt pas la prescription.
Art. 1257 « Lorsque le créancier refuse de recevoir son paiement, le débiteur peut lui faire des offres réelles et, au refus du créancier de les accepter, consigner la somme ou la chose offerte. « Les offres réelles suivies d'une consignation libèrent le débiteur ; elles tiennent lieu à son égard de paiement, lorsqu'elles sont valablement faites, et la chose ainsi consignée demeure aux risques du créancier. **Art. 1261** « Tant que la consignation n'a point été acceptée par le créancier, le débiteur peut la retirer ; et s'il la retire, ses codébiteurs ou ses cautions ne sont point libérés. **Art. 1262** « Lorsque le débiteur a lui-même obtenu un jugement passé en force de chose jugée, qui a déclaré ses offres et sa consignation bonnes et valables, il ne peut plus, même du consentement du créancier, retirer sa consignation au préjudice de ses codébiteurs ou de ses cautions. **Art. 1264** « Si la chose due est un corps certain qui doit être livré au lieu où il se trouve, le débiteur doit faire sommation au créancier de l'enlever, par acte notifié à sa personne ou à son domicile, ou au domicile élu pour l'exécution de la convention. Cette sommation faite, si le créancier n'enlève pas la chose, et que le débiteur ait besoin du lieu dans lequel elle est placée, celui-ci pourra obtenir de la justice la permission de la mettre en dépôt dans quelque autre lieu.	**Art. 1345-1 – Consignation** « Si l'obstruction n'a pas pris fin dans les deux mois de la mise en demeure, le débiteur peut, lorsque l'obligation porte sur une somme d'argent, la consigner à la Caisse des dépôts et consignations ou, lorsque l'obligation porte sur la livraison d'une chose, séquestrer celle-ci auprès d'un gardien professionnel. « Si le séquestre de la chose est impossible ou trop onéreux, le juge peut en autoriser la vente amiable ou aux enchères publiques. Déduction faite des frais de la vente, le prix en est consigné à la Caisse des dépôts et consignations. « La consignation ou le séquestre libère le débiteur à compter de leur notification au créancier.
/	**Art. 1345-2 – Libération** « Lorsque l'obligation porte sur un autre objet, le débiteur est libéré si l'obstruction n'a pas cessé dans les deux mois de la mise en demeure.
Art. 1260 « Les frais des offres réelles et de la consignation sont à la charge du créancier, si elles sont valables.	**Art. 1345-3 – Frais** « Les frais de la mise en demeure et de la consignation ou du séquestre sont à la charge du créancier.

Sous-section 4 : Le paiement avec subrogation

Art. 1249 « La subrogation dans les droits du créancier au profit d'une tierce personne qui le paie est ou conventionnelle ou légale. **Art. 1251** « La subrogation a lieu de plein droit : « 1° Au profit de celui qui étant lui-même créancier paie un autre créancier qui lui est préférable à raison de ses privilèges ou hypothèques ; « 2° Au profit de l'acquéreur d'un immeuble, qui emploie le prix de son acquisition au paiement des créanciers auxquels cet héritage était hypothéqué ; « 3° Au profit de celui qui, étant tenu avec d'autres ou pour d'autres au paiement de la dette, avait intérêt de l'acquitter ; « 4° Au profit de l'héritier acceptant à concurrence de l'actif net qui a payé de ses deniers les dettes de la succession ; « 5° Au profit de celui qui a payé de ses deniers les frais funéraires pour le compte de la succession.	**Art. 1346 – Subrogation légale** « La subrogation a lieu par le seul effet de la loi au profit de celui qui, y ayant un intérêt légitime, paie dès lors que son paiement libère envers le créancier celui sur qui doit peser la charge définitive de tout ou partie de la dette. [* Art. 1342-1 (paiement de la dette d'autrui) ** Ex. C. assur., art. L. 121-12, L. 128-3, L. 422-1, L. 424-4 et -5 (subrogation légale en droit des assurances) - Sur l'absence de subrogation dans les assurances de personnes : art. L. 131-2]
Art. 1250 « Cette subrogation est conventionnelle : « 1° Lorsque le créancier recevant son paiement d'une tierce personne la subroge dans ses droits, actions, privilèges ou hypothèques contre le débiteur : cette subrogation doit être expresse et faite en même temps que le paiement ; (...)	**Art. 1346-1 – Subrogation conventionnelle à l'initiative du créancier** « La subrogation conventionnelle s'opère à l'initiative du créancier lorsque celui-ci, recevant son paiement d'une tierce personne, la subroge dans ses droits contre le débiteur. « Cette subrogation doit être expresse. « Elle doit être consentie en même temps que le paiement, à moins que, dans un acte antérieur, le subrogeant n'ait manifesté la volonté que son cocontractant lui soit subrogé lors du paiement. La concomitance de la subrogation et du paiement peut être prouvée par tous moyens.
Art. 1250 « Cette subrogation est conventionnelle : (...) « 2° Lorsque le débiteur emprunte une somme à l'effet de payer sa dette, et de subroger le prêteur dans les droits du créancier. Il faut, pour que cette subrogation soit valable, que l'acte d'emprunt et la quittance soient passés devant notaires ; que dans l'acte d'emprunt il soit déclaré que la somme a été empruntée pour faire le paiement, et que dans la quittance il soit déclaré que le paiement a été fait des deniers fournis à cet effet par le nouveau créancier. Cette subrogation s'opère sans le concours de la volonté du créancier.	**Art. 1346-2 – Subrogation conventionnelle à l'initiative du débiteur** « La subrogation a lieu également lorsque le débiteur, empruntant une somme à l'effet de payer sa dette, subroge le prêteur dans les droits du créancier avec le concours de celui-ci. En ce cas, la subrogation doit être expresse et la quittance donnée par le créancier doit indiquer l'origine des fonds. « La subrogation peut être consentie sans le concours du créancier, mais à la condition que la dette soit échue ou que le terme soit en faveur du débiteur. Il faut alors que l'acte d'emprunt et la quittance soient passés devant notaire, que dans l'acte d'emprunt il soit déclaré que la somme a été empruntée pour faire le paiement, et que dans la quittance il soit déclaré que le paiement a été fait des sommes versées à cet effet par le nouveau créancier.

Art. 1252 « La subrogation établie par les articles précédents a lieu tant contre les cautions que contre les débiteurs : elle ne peut nuire au créancier lorsqu'il n'a été payé qu'en partie ; en ce cas, il peut exercer ses droits, pour ce qui lui reste dû, par préférence à celui dont il n'a reçu qu'un paiement partiel.	**Art. 1346-3 – Subrogation en cas de paiement partiel** « La subrogation ne peut nuire au créancier lorsqu'il n'a été payé qu'en partie ; en ce cas, il peut exercer ses droits, pour ce qui lui reste dû, par préférence à celui dont il n'a reçu qu'un paiement partiel. [* Art. 1342-4 (paiement partiel)]
/	**Art. 1346-4 – Effet de la subrogation** « La subrogation transmet à son bénéficiaire, dans la limite de ce qu'il a payé, la créance et ses accessoires, à l'exception des droits exclusivement attachés à la personne du créancier. « Toutefois, le subrogé n'a droit qu'à l'intérêt légal à compter d'une mise en demeure, s'il n'a convenu avec le débiteur d'un nouvel intérêt. Ces intérêts sont garantis par les sûretés attachées à la créance, dans les limites, lorsqu'elles ont été constituées par des tiers, de leurs engagements initiaux s'ils ne consentent à s'obliger au-delà.
/	**Art. 1346-5 – Opposabilité de la subrogation** « Le débiteur peut invoquer la subrogation dès qu'il en a connaissance mais elle ne peut lui être opposée que si elle lui a été notifiée ou s'il en a pris acte. « La subrogation est opposable aux tiers dès le paiement. « Le débiteur peut opposer au créancier subrogé les exceptions inhérentes à la dette, telles que la nullité, l'exception d'inexécution, la résolution ou la compensation de dettes connexes. Il peut également lui opposer les exceptions nées de ses rapports avec le subrogeant avant que la subrogation lui soit devenue opposable, telles que l'octroi d'un terme, la remise de dette ou la compensation de dettes non connexes.
Section 2 : La compensation *Sous-section 1 : Règles générales*	
Art. 1289 « Lorsque deux personnes se trouvent débitrices l'une envers l'autre, il s'opère entre elles une compensation qui éteint les deux dettes, de la manière et dans les cas ci-après exprimés. **Art. 1290** « La compensation s'opère de plein droit par la seule force de la loi, même à l'insu des débiteurs ; (...)	**Art. 1347 – Définition, condition et moment** « La compensation est l'extinction simultanée d'obligations réciproques entre deux personnes. « Elle s'opère, sous réserve d'être invoquée, à due concurrence, à la date où ses conditions se trouvent réunies. [** Contrat de travail : interdiction (C. trav., art. L. 3251-1) et exception (C. trav., art. L. 3251-2)]

Art. 1290 « La compensation s'opère de plein droit par la seule force de la loi, même à l'insu des débiteurs ; les deux dettes s'éteignent réciproquement, à l'instant où elles se trouvent exister à la fois, jusqu'à concurrence de leurs quotités respectives. **Art. 1291** « La compensation n'a lieu qu'entre deux dettes qui ont également pour objet une somme d'argent, ou une certaine quantité de choses fongibles de la même espèce et qui sont également liquides et exigibles. « Les prestations en grains ou denrées, non contestées, et dont le prix est réglé par les mercuriales, peuvent se compenser avec des sommes liquides et exigibles.	**Art. 1347-1 – Qualité des créances** « Sous réserve des dispositions prévues à la sous-section suivante, la compensation n'a lieu qu'entre deux obligations fongibles, certaines, liquides et exigibles. « Sont fongibles les obligations de somme d'argent, même en différentes devises, pourvu qu'elles soient convertibles, ou celles qui ont pour objet une quantité de choses de même genre.
Art. 1293 « La compensation a lieu, quelles que soient les causes de l'une ou l'autre des dettes, excepté dans le cas : « 1° De la demande en restitution d'une chose dont le propriétaire a été injustement dépouillé ; « 2° De la demande en restitution d'un dépôt et du prêt à usage ; « 3° D'une dette qui a pour cause des aliments déclarés insaisissables.	**Art. 1347-2 - Exception** « Les créances insaisissables et les obligations de restitution d'un dépôt, d'un prêt à usage ou d'une chose dont le propriétaire a été injustement privé ne sont compensables que si le créancier y consent.
Art. 1292 « Le terme de grâce n'est point un obstacle à la compensation.	**Art. 1347-3 – Neutralité du délai de grâce** « Le délai de grâce ne fait pas obstacle à la compensation.
Art. 1297 « Lorsqu'il y a plusieurs dettes compensables dues par la même personne, on suit, pour la compensation, les règles établies pour l'imputation par l'article 1256.	**Art. 1347-4 – Pluralité de dettes et compensation** « S'il y a plusieurs dettes compensables, les règles d'imputation des paiements sont transposables. [* Art. 1342-10]
Art. 1295 « Le débiteur qui a accepté purement et simplement la cession qu'un créancier a faite de ses droits à un tiers, ne peut plus opposer au cessionnaire la compensation qu'il eût pu, avant l'acceptation, opposer au cédant. « À l'égard de la cession qui n'a point été acceptée par le débiteur, mais qui lui a été signifiée, elle n'empêche que la compensation des créances postérieures à cette notification.	**Art. 1347-5 – Compensation et cession de créance** « Le débiteur qui a pris acte sans réserve de la cession de la créance ne peut opposer au cessionnaire la compensation qu'il eût pu opposer au cédant. [* Art. 1324 (cession de créance), 1216-2 (cession de contrat), 1328 (cession de dette), 1346-5 (subrogation) (opposabilité de l'exception de compensation)]
Art. 1294 « La caution peut opposer la compensation de ce que le créancier doit au débiteur principal. « Mais le débiteur principal ne peut opposer la compensation de ce que le créancier doit à la caution. « Le débiteur solidaire ne peut pareillement opposer la compensation de ce que le créancier doit à son codébiteur.	**Art. 1347-6 – Sort de la caution et du codébiteur** « La caution peut opposer au créancier la compensation intervenue entre ce dernier et le débiteur principal. « Le codébiteur solidaire peut se prévaloir de la compensation intervenue entre le créancier et l'un de ses coobligés pour faire déduire la part divise de celui-ci du total de la dette. [** Art. 2313 (cautionnement : opposabilité des exceptions)]

Art. 1298 « La compensation n'a pas lieu au préjudice des droits acquis à un tiers. Ainsi celui qui, étant débiteur, est devenu créancier depuis la saisie faite par un tiers entre ses mains, ne peut, au préjudice du saisissant, opposer la compensation. **Art. 1299** « Celui qui a payé une dette qui était, de droit, éteinte par la compensation, ne peut plus, en exerçant la créance dont il n'a point opposé la compensation, se prévaloir, au préjudice des tiers, des privilèges ou hypothèques qui y étaient attachés, à moins qu'il n'ait eu une juste cause d'ignorer la créance qui devait compenser sa dette.	**Art. 1347-7 – Compensation et droit des tiers** « La compensation ne préjudicie pas aux droits acquis par des tiers.
Sous-section 2 : Règles particulières	
/	**Art. 1348 – Compensation judiciaire** « La compensation peut être prononcée en justice, même si l'une des obligations, quoique certaine, n'est pas encore liquide ou exigible. À moins qu'il n'en soit décidé autrement, la compensation produit alors ses effets à la date de la décision. [* Art. 1305 et 1305-4 (terme)]
/	**Art. 1348-1 – Compensation de dettes connexes** « Le juge ne peut refuser la compensation de dettes connexes au seul motif que l'une des obligations ne serait pas liquide ou exigible. « Dans ce cas, la compensation est réputée s'être produite au jour de l'exigibilité de la première d'entre elles. « Dans le même cas, l'acquisition de droits par un tiers sur l'une des obligations n'empêche pas son débiteur d'opposer la compensation. [** C. com., art. L. 622-7, I (période d'observation, paiement des créances antérieures)]
/	**Art. 1348-2 – Compensation conventionnelle** « Les parties peuvent librement convenir d'éteindre toutes obligations réciproques, présentes ou futures, par une compensation ; celle-ci prend effet à la date de leur accord ou, s'il s'agit d'obligations futures, à celle de leur coexistence. [** C. com., art. L. 632-1, 3° et 4° (nullité de la période suspecte)]
Section 3 : La confusion	
Art. 1300 « Lorsque les qualités de créancier et de débiteur se réunissent dans la même personne, il se fait une confusion de droit qui éteint les deux créances.	**Art. 1349 – Définition de la convention** « La confusion résulte de la réunion des qualités de créancier et de débiteur d'une même obligation dans la même personne. Elle éteint la créance et ses accessoires, sous réserve des droits acquis par ou contre des tiers. [* Art. 1349-2 ** Art. 883 (effets du partage)]

Art. 1301 « La confusion qui s'opère dans la personne du débiteur principal, profite à ses cautions ; « Celle qui s'opère dans la personne de la caution, n'entraîne point l'extinction de l'obligation principale ; « Celle qui s'opère dans la personne du créancier, ne profite à ses codébiteurs solidaires que pour la portion dont il était débiteur. **Art. 1209** « Lorsque l'un des débiteurs devient héritier unique du créancier, ou lorsque le créancier devient l'unique héritier de l'un des débiteurs, la confusion n'éteint la créance solidaire que pour la part et portion du débiteur ou du créancier.	**Art. 1349-1 – Confusion et solidarité** « Lorsqu'il y a solidarité entre plusieurs débiteurs ou entre plusieurs créanciers, et que la confusion ne concerne que l'un d'eux, l'extinction n'a lieu, à l'égard des autres, que pour sa part. « Lorsque la confusion concerne une obligation cautionnée, la caution, même solidaire, est libérée. Lorsque la confusion concerne l'obligation d'une des cautions, le débiteur principal n'est pas libéré. Les autres cautions solidaires sont libérées à concurrence de la part de cette caution. [** Art. 2312 (confusion débiteur entre le débiteur principal et la caution, effet à l'égard de la sous-caution)]
Section 4 : La remise de dette	
/	**Art. 1350 – Définition de la remise de dette** « La remise de dette est le contrat par lequel le créancier libère le débiteur de son obligation.
Art. 1285 « La remise ou décharge conventionnelle au profit de l'un des codébiteurs solidaires, libère tous les autres, à moins que le créancier n'ait expressément réservé ses droits contre ces derniers. « Dans ce dernier cas, il ne peut plus répéter la dette que déduction faite de la part de celui auquel il a fait la remise. **Art. 1198, al. 2** « Néanmoins, la remise qui n'est faite que par l'un des créanciers solidaires ne libère le débiteur que pour la part de ce créancier.	**Art. 1350-1 – Accordé à un codébiteur ou par un créancier solidaire** « La remise de dette consentie à l'un des codébiteurs solidaires libère les autres à concurrence de sa part. « La remise de dette faite par l'un seulement des créanciers solidaires ne libère le débiteur que pour la part de ce créancier.
Art. 1287 « La remise ou décharge conventionnelle accordée au débiteur principal libère les cautions. « Celle accordée à la caution ne libère pas le débiteur principal. « Celle accordée à l'une des cautions ne libère pas les autres. **Art. 1288** « Ce que le créancier a reçu d'une caution pour la décharge de son cautionnement doit être imputé sur la dette, et tourner à la décharge du débiteur principal et des autres cautions.	**Art. 1350-2 – Cautionnement** « La remise de dette accordée au débiteur principal libère les cautions, même solidaires. « La remise consentie à l'une des cautions solidaires ne libère pas le débiteur principal, mais libère les autres à concurrence de sa part. « Ce que le créancier a reçu d'une caution pour la décharge de son cautionnement doit être imputé sur la dette et décharger le débiteur principal à proportion. Les autres cautions ne restent tenues que déduction faite de la part de la caution libérée ou de la valeur fournie si elle excède cette part.
Section 5 : L'impossibilité d'exécuter	
Art. 1148 « Il n'y a lieu à aucuns dommages et intérêts lorsque, par suite d'une force majeure ou d'un cas fortuit, le débiteur a été empêché de donner ou de faire ce à quoi il était obligé, ou a fait ce qui lui était interdit.	**Art. 1351 – Force majeure** « L'impossibilité d'exécuter la prestation libère le débiteur à due concurrence lorsqu'elle procède d'un cas de force majeure et qu'elle est définitive, à moins qu'il n'ait convenu de s'en charger ou qu'il ait été préalablement mis en demeure.

Art. 1302 « Lorsque le corps certain et déterminé qui était l'objet de l'obligation vient à périr, est mis hors du commerce, ou se perd de manière qu'on en ignore absolument l'existence, l'obligation est éteinte si la chose a péri ou a été perdue sans la faute du débiteur et avant qu'il fût en demeure. « Lors même que le débiteur est en demeure, et s'il ne s'est pas chargé des cas fortuits, l'obligation est éteinte dans le cas où la chose fût également périe chez le créancier si elle lui eût été livrée. « Le débiteur est tenu de prouver le cas fortuit qu'il allègue. « De quelque manière que la chose volée ait péri ou ait été perdue, sa perte ne dispense pas celui qui l'a soustraite, de la restitution du prix. **Art. 1303** « Lorsque la chose est périe, mise hors du commerce ou perdue, sans la faute du débiteur, il est tenu, s'il y a quelques droits ou actions en indemnité par rapport à cette chose, de les céder à son créancier.	**Art. 1351-1 – Perte de la chose** « Lorsque l'impossibilité d'exécuter résulte de la perte de la chose due, le débiteur mis en demeure est néanmoins libéré s'il prouve que la perte se serait pareillement produite si l'obligation avait été exécutée. « Il est cependant tenu de céder à son créancier les droits et actions attachés à la chose. [* Art. 1197 (obligation de conservation) et 1344-2 (mise en demeure du débiteur)]
Chapitre V : Les restitutions	
Art. 1379 « Si la chose indûment reçue est un immeuble ou un meuble corporel, celui qui l'a reçue s'oblige à la restituer en nature, si elle existe, ou sa valeur, si elle est périe ou détériorée par sa faute ; il est même garant de sa perte par cas fortuit, s'il l'a reçue de mauvaise foi.	**Art. 1352 – Restitutions en nature** « La restitution d'une chose autre que d'une somme d'argent a lieu en nature ou, lorsque cela est impossible, en valeur, estimée au jour de la restitution.
Art. 1379 « Si la chose indûment reçue est un immeuble ou un meuble corporel, celui qui l'a reçue s'oblige à la restituer en nature, si elle existe, ou sa valeur, si elle est périe ou détériorée par sa faute ; il est même garant de sa perte par cas fortuit, s'il l'a reçue de mauvaise foi.	**Art. 1352-1 – Moins-value (dégradations/détériorations)** « Celui qui restitue la chose répond des dégradations et détériorations qui en ont diminué la valeur, à moins qu'il ne soit de bonne foi et que celles-ci ne soient pas dues à sa faute.
Art. 1380 « Si celui qui a reçu de bonne foi a vendu la chose, il ne doit restituer que le prix de la vente.	**Art. 1352-2 – Revente de la chose** « Celui qui l'ayant reçue de bonne foi a vendu la chose ne doit restituer que le prix de la vente. « S'il l'a reçue de mauvaise foi, il en doit la valeur au jour de la restitution lorsqu'elle est supérieure au prix. [** Art. 2276]
/	**Art. 1352-3 – Restitution des fruits et de valeur de jouissance** « La restitution inclut les fruits et la valeur de la jouissance que la chose a procurée. « La valeur de la jouissance est évaluée par le juge au jour où il se prononce. « Sauf stipulation contraire, la restitution des fruits, s'ils ne se retrouvent pas en nature, a lieu selon une valeur estimée à la date du remboursement, suivant l'état de la chose au jour du paiement de l'obligation.

Art. 1312 « Lorsque les mineurs ou les majeurs en tutelle sont admis, en ces qualités, à se faire restituer contre leurs engagements, le remboursement de ce qui aurait été, en conséquence de ces engagements, payé pendant la minorité ou la tutelle des majeurs, ne peut en être exigé, à moins qu'il ne soit prouvé que ce qui a été payé a tourné à leur profit.	**Art. 1352-4 – Restitution due à un mineur ou à un majeur protégé** « Les restitutions dues à un mineur non émancipé ou à un majeur protégé sont réduites à proportion du profit qu'il a retiré de l'acte annulé.
Art. 1381 « Celui auquel la chose est restituée, doit tenir compte, même au possesseur de mauvaise foi, de toutes les dépenses nécessaires et utiles qui ont été faites pour la conservation de la chose.	**Art. 1352-5 – Prise en compte des dépenses conservatoires ou d'améliorations** « Pour fixer le montant des restitutions, il est tenu compte à celui qui doit restituer des dépenses nécessaires à la conservation de la chose et de celles qui en ont augmenté la valeur, dans la limite de la plus-value estimée au jour de la restitution.
/	**Art. 1352-6 – Restitution d'une somme d'argent** « La restitution d'une somme d'argent inclut les intérêts au taux légal et les taxes acquittées entre les mains de celui qui l'a reçue.
Art. 1378 « S'il y a eu mauvaise foi de la part de celui qui a reçu, il est tenu de restituer, tant le capital que les intérêts ou les fruits, du jour du paiement.	**Art. 1352-7 – Incidence de la bonne ou mauvaise foi** « Celui qui a reçu de mauvaise foi doit les intérêts, les fruits qu'il a perçus ou la valeur de la jouissance à compter du paiement. Celui qui a reçu de bonne foi ne les doit qu'à compter du jour de la demande.
/	**Art. 1352-8 – Prestation de service** « La restitution d'une prestation de service a lieu en valeur. Celle-ci est appréciée à la date à laquelle elle a été fournie.
/	**Art. 1352-9 – Report des sûretés** « Les sûretés constituées pour le paiement de l'obligation sont reportées de plein droit sur l'obligation de restituer sans toutefois que la caution soit privée du bénéfice du terme.
Titre IV BIS : De la preuve des obligations *Chapitre Ier : Dispositions générales*	
Art. 1315 « Celui qui réclame l'exécution d'une obligation doit la prouver. « Réciproquement, celui qui se prétend libéré doit justifier le paiement ou le fait qui a produit l'extinction de son obligation.	**Art. 1353 – Charge de la preuve** « Celui qui réclame l'exécution d'une obligation doit la prouver. « Réciproquement, celui qui se prétend libéré doit justifier le paiement ou le fait qui a produit l'extinction de son obligation.

Art. 1349 « Les présomptions sont des conséquences que la loi ou le magistrat tire d'un fait connu à un fait inconnu. **Art. 1350** « La présomption légale est celle qui est attachée par une loi spéciale à certains actes ou à certains faits ; tels sont : « 1° Les actes que la loi déclare nuls, comme présumés faits en fraude de ses dispositions, d'après leur seule qualité ; « 2° Les cas dans lesquels la loi déclare la propriété ou la libération résulter de certaines circonstances déterminées ; « 3° L'autorité que la loi attribue à la chose jugée ; « 4° La force que la loi attache à l'aveu de la partie ou à son serment. **Art. 1352** « La présomption légale dispense de toute preuve celui au profit duquel elle existe. « Nulle preuve n'est admise contre la présomption de la loi, lorsque, sur le fondement de cette présomption, elle annule certains actes ou dénie l'action en justice, à moins qu'elle n'ait réservé la preuve contraire et sauf ce qui sera dit sur le serment et l'aveu judiciaires.	**Art. 1354 – Définition des présomptions** « La présomption que la loi attache à certains actes ou à certains faits en les tenant pour certains dispense celui au profit duquel elle existe d'en rapporter la preuve. « Elle est dite simple, lorsque la loi réserve la preuve contraire, et peut alors être renversée par tout moyen de preuve ; elle est dite mixte, lorsque la loi limite les moyens par lesquels elle peut être renversée ou l'objet sur lequel elle peut être renversée ; elle est dite irréfragable lorsqu'elle ne peut être renversée. [* Art. 1378-2 (présomption simple de libération du débiteur par la mention, par le créancier, du paiement sur le titre original) ** Ex. présomptions mixtes : art. 1402 (régime légal), 1570 (participation aux acquêts, patrimoine originaire) ; présomptions simples : art. 1538 (séparation de biens) et 1572 (participation aux acquêts, patrimoine finale)]
Art. 1351 « L'autorité de la chose jugée n'a lieu qu'à l'égard de ce qui a fait l'objet du jugement. Il faut que la chose demandée soit la même ; que la demande soit fondée sur la même cause ; que la demande soit entre les mêmes parties, et formée par elles et contre elles en la même qualité.	**Art. 1355 – Autorité de la chose jugée** « L'autorité de la chose jugée n'a lieu qu'à l'égard de ce qui a fait l'objet du jugement. Il faut que la chose demandée soit la même ; que la demande soit fondée sur la même cause ; que la demande soit entre les mêmes parties, et formée par elles et contre elles en la même qualité.
Art. 1352, al. 2 « Nulle preuve n'est admise contre la présomption de la loi, lorsque, sur le fondement de cette présomption, elle annule certains actes ou dénie l'action en justice, à moins qu'elle n'ait réservé la preuve contraire et sauf ce qui sera dit sur le serment et l'aveu judiciaires.	**Art. 1356 – Contrat sur la preuve** « Les contrats sur la preuve sont valables lorsqu'ils portent sur des droits dont les parties ont la libre disposition. « Néanmoins, ils ne peuvent contredire les présomptions irréfragables établies par la loi, ni modifier la foi attachée à l'aveu ou au serment. Ils ne peuvent davantage établir au profit de l'une des parties une présomption irréfragable.
	Art. 1357 – Administration de la preuve « L'administration judiciaire de la preuve et les contestations qui s'y rapportent sont régies par le code de procédure civile. [** CPC, art. 132 à 322]

Chapitre II : L'admissibilité des modes de preuve	
Art. 1348, al. 1 « Les règles ci-dessus reçoivent encore exception lorsque l'obligation est née d'un quasi-contrat, d'un délit ou d'un quasi-délit, ou lorsque l'une des parties, soit n'a pas eu la possibilité matérielle ou morale de se procurer une preuve littérale de l'acte juridique, soit a perdu le titre qui lui servait de preuve littérale, par suite d'un cas fortuit ou d'une force majeure.	**Art. 1358 – Principe de la preuve par tout moyen** « Hors les cas où la loi en dispose autrement, la preuve peut être apportée par tout moyen.
Art. 1341, al. 1 « Il doit être passé acte devant notaires ou sous signatures privées de toutes choses excédant une somme ou une valeur fixée par décret, même pour dépôts volontaires, et il n'est reçu aucune preuve par témoins contre et outre le contenu aux actes, ni sur ce qui serait allégué avoir été dit avant, lors ou depuis les actes, encore qu'il s'agisse d'une somme ou valeur moindre. **Art. 1342** « La règle ci-dessus s'applique au cas où l'action contient, outre la demande du capital, une demande d'intérêts qui, réunis au capital, excèdent le chiffre prévu à l'article précédent. **Art. 1343** « Celui qui a formé une demande excédant le chiffre prévu à l'article 1341 ne peut plus être admis à la preuve testimoniale, même en restreignant sa demande primitive. **Art. 1344** « La preuve testimoniale, sur la demande d'une somme même inférieure à celle qui est prévue à l'article 1341, ne peut être admise lorsque cette somme est déclarée être le restant ou faire partie d'une créance plus forte qui n'est point prouvée par écrit. **Art. 1345** « Si, dans la même instance, une partie fait plusieurs demandes, dont il n'y ait point de titre par écrit, et que, jointes ensemble, elles excèdent la somme prévue à l'article 1341, la preuve par témoins n'en peut être admise, encore que la partie allègue que ces créances proviennent de différentes causes, et qu'elles se soient formées en différents temps, si ce n'était que ces droits procédassent par succession, donation ou autrement, de personnes différentes. **Art. 1346** « Toutes les demandes, à quelque titre que ce soit, qui ne seront pas entièrement justifiées par écrit, seront formées par un même exploit, après lequel les autres demandes dont il n'y aura point de preuves par écrit ne seront pas reçues.	**Art. 1359 – Exception : preuve par écrit** « L'acte juridique portant sur une somme ou une valeur excédant un montant fixé par décret doit être prouvé par écrit sous signature privée ou authentique. « Il ne peut être prouvé outre ou contre un écrit établissant un acte juridique, même si la somme ou la valeur n'excède pas ce montant, que par un autre écrit sous signature privée ou authentique. « Celui dont la créance excède le seuil mentionné au premier alinéa ne peut pas être dispensé de la preuve par écrit en restreignant sa demande. « Il en est de même de celui dont la demande, même inférieure à ce montant, porte sur le solde ou sur une partie d'une créance supérieure à ce montant. [* Art. 1360, 1361 et 1362]

Art. 1341, al. 2 « Le tout sans préjudice de ce qui est prescrit dans les lois relatives au commerce. **Art. 1348** « Les règles ci-dessus reçoivent encore exception lorsque l'obligation est née d'un quasi-contrat, d'un délit ou d'un quasi-délit, ou lorsque l'une des parties, soit n'a pas eu la possibilité matérielle ou morale de se procurer une preuve littérale de l'acte juridique, soit a perdu le titre qui lui servait de preuve littérale, par suite d'un cas fortuit ou d'une force majeure. « Elles reçoivent aussi exception lorsqu'une partie ou le dépositaire n'a pas conservé le titre original et présente une copie qui en est la reproduction non seulement fidèle mais aussi durable. Est réputée durable toute reproduction indélébile de l'original qui entraîne une modification irréversible du support.	**Art. 1360 – Impossibilité de se procurer un écrit, usage de ne pas en établir ou perte par force majeure** « Les règles prévues à l'article précédent reçoivent exception en cas d'impossibilité matérielle ou morale de se procurer un écrit, s'il est d'usage de ne pas établir un écrit, ou lorsque l'écrit a été perdu par force majeure. [** C. com., art. L. 110-3 (preuve par tous moyens des actes de commerce à l'égard des commerçants)]
Art. 1347, al. 1 « Les règles ci-dessus reçoivent exception lorsqu'il existe un commencement de preuve par écrit. **Art. 1355** « L'allégation d'un aveu extrajudiciaire purement verbal est inutile toutes les fois qu'il s'agit d'une demande dont la preuve testimoniale ne serait point admissible.	**Art. 1361 – Moyens pour suppléer l'absence d'écrit** « Il peut être suppléé à l'écrit par l'aveu judiciaire, le serment décisoire ou un commencement de preuve par écrit corroboré par un autre moyen de preuve. [* Art. 1362, 1383-2 et 1385 et s.]
Art. 1347, al. 2 et 3 « On appelle ainsi tout acte par écrit qui est émané de celui contre lequel la demande est formée, ou de celui qu'il représente, et qui rend vraisemblable le fait allégué. « Peuvent être considérées par le juge comme équivalant à un commencement de preuve par écrit les déclarations faites par une partie lors de sa comparution personnelle, son refus de répondre ou son absence à la comparution. **Art. 1336** « La transcription d'un acte sur les registres publics ne pourra servir que de commencement de preuve par écrit ; il faudra même pour cela : « 1° Qu'il soit constant que toutes les minutes du notaire, de l'année dans laquelle l'acte paraît avoir été fait, soient perdues, ou que l'on prouve que la perte de la minute de cet acte a été faite par un accident particulier ; « 2° Qu'il existe un répertoire en règle du notaire, qui constate que l'acte a été fait à la même date. « Lorsqu'au moyen du concours de ces deux circonstances la preuve par témoins sera admise, il sera nécessaire que ceux qui ont été témoins de l'acte, s'ils existent encore, soient entendus.	**Art. 1362 – Commencement de preuve par écrit** « Constitue un commencement de preuve par écrit tout écrit qui, émanant de celui qui conteste un acte ou de celui qu'il représente, rend vraisemblable ce qui est allégué. « Peuvent être considérés par le juge comme équivalant à un commencement de preuve par écrit les déclarations faites par une partie lors de sa comparution personnelle, son refus de répondre ou son absence à la comparution. « La mention d'un écrit authentique ou sous signature privée sur un registre public vaut commencement de preuve par écrit.

Chapitre III : Les différents modes de preuve *Section 1 : La preuve par écrit* *Sous-section 1 : Dispositions générales*	
/	**Art. 1363 – Nul ne peut se constituer de titre à soi-même** « Nul ne peut se constituer de titre à soi-même.
/	**Art. 1364 – Préconstitution de la preuve par écrit** « La preuve d'un acte juridique peut être préconstituée par un écrit en la forme authentique ou sous signature privée.
Art. 1316 « La preuve littérale, ou preuve par écrit, résulte d'une suite de lettres, de caractères, de chiffres ou de tous autres signes ou symboles dotés d'une signification intelligible, quels que soient leur support et leurs modalités de transmission.	**Art. 1365 – Définition de l'écrit** « L'écrit consiste en une suite de lettres, de caractères, de chiffres ou de tous autres signes ou symboles dotés d'une signification intelligible, quel que soit leur support.
Art. 1316-1 « L'écrit sous forme électronique est admis en preuve au même titre que l'écrit sur support papier, sous réserve que puisse être dûment identifiée la personne dont il émane et qu'il soit établi et conservé dans des conditions de nature à en garantir l'intégrité. **Art. 1316-3** « L'écrit sur support électronique a la même force probante que l'écrit sur support papier.	**Art. 1366 – Équivalence de l'écrit sur support électronique et papier** « L'écrit électronique a la même force probante que l'écrit sur support papier, sous réserve que puisse être dûment identifiée la personne dont il émane et qu'il soit établi et conservé dans des conditions de nature à en garantir l'intégrité.
Art. 1316-4 « La signature nécessaire à la perfection d'un acte juridique identifie celui qui l'appose. Elle manifeste le consentement des parties aux obligations qui découlent de cet acte. Quand elle est apposée par un officier public, elle confère l'authenticité à l'acte. « Lorsqu'elle est électronique, elle consiste en l'usage d'un procédé fiable d'identification garantissant son lien avec l'acte auquel elle s'attache. La fiabilité de ce procédé est présumée, jusqu'à preuve contraire, lorsque la signature électronique est créée, l'identité du signataire assurée et l'intégrité de l'acte garantie, dans des conditions fixées par décret en Conseil d'État.	**Art. 1367 – Signature** « La signature nécessaire à la perfection d'un acte juridique identifie son auteur. Elle manifeste son consentement aux obligations qui découlent de cet acte. Quand elle est apposée par un officier public, elle confère l'authenticité à l'acte. « Lorsqu'elle est électronique, elle consiste en l'usage d'un procédé fiable d'identification garantissant son lien avec l'acte auquel elle s'attache. La fiabilité de ce procédé est présumée, jusqu'à preuve contraire, lorsque la signature électronique est créée, l'identité du signataire assurée et l'intégrité de l'acte garantie, dans des conditions fixées par décret en Conseil d'État. [** Décret n° 2001-272 du 30 mars 2001 relatif à la signature électronique ; Règlement (UE) n° 910/2014 du Parlement européen et du Conseil du 23 juillet 2014 sur l'identification électronique et les services de confiance pour les transactions électroniques au sein du marché intérieur et abrogeant la directive 1999/93/CE]
Art. 1316-2 « Lorsque la loi n'a pas fixé d'autres principes, et à défaut de convention valable entre les parties, le juge règle les conflits de preuve littérale en déterminant par tous moyens le titre le plus vraisemblable, quel qu'en soit le support.	**Art. 1368 – Conflits de preuve par écrit** « À défaut de dispositions ou de conventions contraires, le juge règle les conflits de preuve par écrit en déterminant par tout moyen le titre le plus vraisemblable.

Sous-section 2 : L'acte authentique	
Art. 1317 « L'acte authentique est celui qui a été reçu par officiers publics ayant le droit d'instrumenter dans le lieu où l'acte a été rédigé, et avec les solennités requises. « Il peut être dressé sur support électronique s'il est établi et conservé dans des conditions fixées par décret en Conseil d'État. **Art. 1317-1** « L'acte reçu en la forme authentique par un notaire est, sauf disposition dérogeant expressément au présent article, dispensé de toute mention manuscrite exigée par la loi.	**Art. 1369 – Définition et régime de l'acte authentique** « L'acte authentique est celui qui a été reçu, avec les solennités requises, par un officier public ayant compétence et qualité pour instrumenter. « Il peut être dressé sur support électronique s'il est établi et conservé dans des conditions fixées par décret en Conseil d'État. « Lorsqu'il est reçu par un notaire, il est dispensé de toute mention manuscrite exigée par la loi.
Art. 1318 « L'acte qui n'est point authentique par l'incompétence ou l'incapacité de l'officier, ou par un défaut de forme, vaut comme écriture privée, s'il a été signé des parties.	**Art. 1370 – Acte authentique imparfait** « L'acte qui n'est pas authentique du fait de l'incompétence ou de l'incapacité de l'officier, ou par un défaut de forme, vaut comme écrit sous signature privée, s'il a été signé des parties.
Art. 1319 « L'acte authentique fait pleine foi de la convention qu'il renferme entre les parties contractantes et leurs héritiers ou ayants cause. « Néanmoins, en cas de plaintes en faux principal, l'exécution de l'acte argué de faux sera suspendue par la mise en accusation ; et, en cas d'inscription de faux faite incidemment, les tribunaux pourront, suivant les circonstances, suspendre provisoirement l'exécution de l'acte. **Art. 1320** « L'acte, soit authentique, (...), fait foi entre les parties, même de ce qui n'y est exprimé qu'en termes énonciatifs, pourvu que l'énonciation ait un rapport direct à la disposition. Les énonciations étrangères à la disposition ne peuvent servir que d'un commencement de preuve.	**Art. 1371 – Force probante** « L'acte authentique fait foi jusqu'à inscription de faux de ce que l'officier public dit avoir personnellement accompli ou constaté. « En cas d'inscription de faux, le juge peut suspendre l'exécution de l'acte. [** CPC, art. 303 et s.]
Sous-section 3 : L'acte sous signature privée	
Art. 1320 « L'acte, (...), soit sous seing privé, fait foi entre les parties, même de ce qui n'y est exprimé qu'en termes énonciatifs, pourvu que l'énonciation ait un rapport direct à la disposition. Les énonciations étrangères à la disposition ne peuvent servir que d'un commencement de preuve. **Art. 1322** « L'acte sous seing privé, reconnu par celui auquel on l'oppose, ou légalement tenu pour reconnu, a, entre ceux qui l'ont souscrit et entre leurs héritiers et ayants cause, la même foi que l'acte authentique.	**Art. 1372 – Définition de l'acte sous signature privée** « L'acte sous signature privée, reconnu par la partie à laquelle on l'oppose ou légalement tenu pour reconnu à son égard, fait foi entre ceux qui l'ont souscrit et à l'égard de leurs héritiers et ayants cause.

Art. 1323 « Celui auquel on oppose un acte sous seing privé est obligé d'avouer ou de désavouer formellement son écriture ou sa signature. « Ses héritiers ou ayants cause peuvent se contenter de déclarer qu'ils ne connaissent point l'écriture ou la signature de leur auteur. **Art. 1324** « Dans le cas où la partie désavoue son écriture ou sa signature, et dans le cas où ses héritiers ou ayants cause déclarent ne les point connaître, la vérification en est ordonnée en justice.	**Art. 1373 – Désaveu d'écriture** « La partie à laquelle on l'oppose peut désavouer son écriture ou sa signature. Les héritiers ou ayants cause d'une partie peuvent pareillement désavouer l'écriture ou la signature de leur auteur, ou déclarer qu'ils ne les connaissent. Dans ces cas, il y a lieu à vérification d'écriture. [** CPC, art. 287 et s.]
/	**Art. 1374 – Contreseing d'un avocat** « L'acte sous signature privée contresigné par les avocats de chacune des parties ou par l'avocat de toutes les parties fait foi de l'écriture et de la signature des parties, tant à leur égard qu'à celui de leurs héritiers ou ayants cause. « La procédure de faux prévue par le Code de procédure civile lui est applicable. « Cet acte est dispensé de toute mention manuscrite exigée par la loi. [** Loi n° 71-1130 du 31 décembre 1971 portant réforme de certaines professions judiciaires et juridiques, art. 66-2-1 (exécution de l'obligation de conseil), 66-3-2 (force probante : écriture et signature) et 66-3-3 (mentions manuscrites) ; CPC, art. 299 à 302 (incident de faux)]
Art. 1325 « Les actes sous seing privé qui contiennent des conventions synallagmatiques ne sont valables qu'autant qu'ils ont été faits en autant d'originaux qu'il y a de parties ayant un intérêt distinct. « Il suffit d'un original pour toutes les personnes ayant le même intérêt. « Chaque original doit contenir la mention du nombre des originaux qui en ont été faits. « Néanmoins, le défaut de mention que les originaux ont été faits doubles, triples, etc., ne peut être opposé par celui qui a exécuté de sa part la convention portée dans l'acte. « L'exigence d'une pluralité d'originaux est réputée satisfaite pour les contrats sous forme électronique lorsque l'acte est établi et conservé conformément aux articles 1316-1 et 1316-4 et que le procédé permet à chaque partie de disposer d'un exemplaire ou d'y avoir accès.	**Art. 1375 – Double original** « L'acte sous signature privée qui constate un contrat synallagmatique ne fait preuve que s'il a été fait en autant d'originaux qu'il y a de parties ayant un intérêt distinct, à moins que les parties ne soient convenues de remettre à un tiers l'unique exemplaire dressé. « Chaque original doit mentionner le nombre des originaux qui en ont été faits. « Celui qui a exécuté le contrat, même partiellement, ne peut opposer le défaut de la pluralité d'originaux ou de la mention de leur nombre. « L'exigence d'une pluralité d'originaux est réputée satisfaite pour les contrats sous forme électronique lorsque l'acte est établi et conservé conformément aux articles 1366 et 1367, et que le procédé permet à chaque partie de disposer d'un exemplaire sur support durable ou d'y avoir accès.

Art. 1326 « L'acte juridique par lequel une seule partie s'engage envers une autre à lui payer une somme d'argent ou à lui livrer un bien fongible doit être constaté dans un titre qui comporte la signature de celui qui souscrit cet engagement ainsi que la mention, écrite par lui-même, de la somme ou de la quantité en toutes lettres et en chiffres. En cas de différence, l'acte sous seing privé vaut pour la somme écrite en toutes lettres.	**Art. 1376 – Engagement unilatéral de payer une somme d'argent** « L'acte sous signature privée par lequel une seule partie s'engage envers une autre à lui payer une somme d'argent ou à lui livrer un bien fongible ne fait preuve que s'il comporte la signature de celui qui souscrit cet engagement ainsi que la mention, écrite par lui-même, de la somme ou de la quantité en toutes lettres et en chiffres. En cas de différence, l'acte sous signature privée vaut preuve pour la somme écrite en toutes lettres.
Art. 1328 « Les actes sous seing privé n'ont de date contre les tiers que du jour où ils ont été enregistrés, du jour de la mort de celui ou de l'un de ceux qui les ont souscrits, ou du jour où leur substance est constatée dans les actes dressés par des officiers publics, tels que procès-verbaux de scellé ou d'inventaire.	**Art. 1377 – Date certaine** « L'acte sous signature privée n'acquiert date certaine à l'égard des tiers que du jour où il a été enregistré, du jour de la mort d'un signataire, ou du jour où sa substance est constatée dans un acte authentique.
Sous-section 4 : Autres écrits	
Art. 1329 « Les registres des marchands ne font point, contre les personnes non marchandes, preuve des fournitures qui y sont portées, sauf ce qui sera dit à l'égard du serment. **Art. 1330** « Les livres des marchands font preuve contre eux ; mais celui qui en veut tirer avantage ne peut les diviser en ce qu'ils contiennent de contraire à sa prétention.	**Art. 1378 – Registres et documents** Les registres et documents que les professionnels doivent tenir ou établir ont, contre leur auteur, la même force probante que les écrits sous signature privée ; mais celui qui s'en prévaut ne peut en diviser les mentions pour n'en retenir que celles qui lui sont favorables. [* Art. 1363 ** C. com., art. L. 110-3 (preuve par tous moyens des actes de commerce à l'égard des commerçants)]
Art. 1331 « Les registres et papiers domestiques ne font point un titre pour celui qui les a écrits. Ils font foi contre lui : 1° dans tous les cas où ils énoncent formellement un paiement reçu ; 2° lorsqu'ils contiennent la mention expresse que la note a été faite pour suppléer le défaut du titre en faveur de celui au profit duquel ils énoncent une obligation.	**Art. 1378-1 – Registres et papiers domestiques** « Les registres et papiers domestiques ne font pas preuve au profit de celui qui les a écrits. « Ils font preuve contre lui : « 1° Dans tous les cas où ils énoncent formellement un paiement reçu ; « 2° Lorsqu'ils contiennent la mention expresse que l'écrit a été fait pour suppléer le défaut du titre en faveur de qui ils énoncent une obligation. [* Art. 1363]
Art. 1332 « L'écriture mise par le créancier à la suite, en marge ou au dos d'un titre qui est toujours resté en sa possession fait foi, quoique non signée ni datée par lui, lorsqu'elle tend à établir la libération du débiteur. « Il en est de même de l'écriture mise par le créancier au dos ou en marge, ou à la suite du double d'un titre ou d'une quittance, pourvu que ce double soit entre les mains du débiteur.	**Art. 1378-2 – Mention du paiement ou d'une autre cause de libération** « La mention d'un paiement ou d'une autre cause de libération portée par le créancier sur un titre original qui est toujours resté en sa possession vaut présomption simple de libération du débiteur. « Il en est de même de la mention portée sur le double d'un titre ou d'une quittance, pourvu que ce double soit entre les mains du débiteur.

Sous-section 5 : Les copies	
Art. 1348, al. 2 « Elles reçoivent aussi exception lorsqu'une partie ou le dépositaire n'a pas conservé le titre original et présente une copie qui en est la reproduction non seulement fidèle mais aussi durable. Est réputée durable toute reproduction indélébile de l'original qui entraîne une modification irréversible du support. **Art. 1334** « Les copies, lorsque le titre original subsiste, ne font foi que de ce qui est contenu au titre, dont la représentation peut toujours être exigée. **Art. 1335** « Lorsque le titre original n'existe plus, les copies font foi d'après les distinctions suivantes : « 1° Les grosses ou premières expéditions font la même foi que l'original ; il en est de même des copies qui ont été tirées par l'autorité du magistrat, parties présentes ou dûment appelées, ou de celles qui ont été tirées en présence des parties et de leur consentement réciproque. « 2° Les copies qui, sans l'autorité du magistrat, ou sans le consentement des parties, et depuis la délivrance des grosses ou premières expéditions, auront été tirées sur la minute de l'acte par le notaire qui l'a reçu, ou par l'un de ses successeurs, ou par officiers publics qui, en cette qualité, sont dépositaires des minutes, peuvent, au cas de perte de l'original, faire foi quand elles sont anciennes. « Elles sont considérées comme anciennes quand elles ont plus de trente ans ; « Si elles ont moins de trente ans, elles ne peuvent servir que de commencement de preuve par écrit. « 3° Lorsque les copies tirées sur la minute d'un acte ne l'auront pas été par le notaire qui l'a reçu, ou par l'un de ses successeurs, ou par officiers publics qui, en cette qualité, sont dépositaires des minutes, elles ne pourront servir, quelle que soit leur ancienneté, que de commencement de preuve par écrit. « 4° Les copies de copies pourront, suivant les circonstances, être considérées comme simples renseignements.	**Art. 1379 – Force probante de la copie** « La copie fiable a la même force probante que l'original. La fiabilité est laissée à l'appréciation du juge. Néanmoins est réputée fiable la copie exécutoire ou authentique d'un écrit authentique. « Est présumée fiable jusqu'à preuve du contraire toute copie résultant d'une reproduction à l'identique de la forme et du contenu de l'acte, et dont l'intégrité est garantie dans le temps par un procédé conforme à des conditions fixées par décret en Conseil d'État. « Si l'original subsiste, sa présentation peut toujours être exigée.
Sous-section 6 : Les actes récognitifs	
Art. 1337 « Les actes récognitifs ne dispensent point de la représentation du titre primordial, à moins que sa teneur n'y soit spécialement relatée. « Ce qu'ils contiennent de plus que le titre primordial, ou ce qui s'y trouve de différent, n'a aucun effet. Néanmoins, s'il y avait plusieurs reconnaissances conformes, soutenues de la possession, et dont l'une eût trente ans de date, le créancier pourrait être dispensé de représenter le titre primordial.	**Art. 1380 – Portée** « L'acte récognitif ne dispense pas de la présentation du titre original sauf si sa teneur y est spécialement relatée. « Ce qu'il contient de plus ou de différent par rapport au titre original n'a pas d'effet. [** Art. 2240 (interruption du délai de prescription)]

Section 2 : La preuve par témoins	
/	**Art. 1381 – Renvoi au Code de procédure civile** « La valeur probante des déclarations faites par un tiers dans les conditions du code de procédure civile est laissée à l'appréciation du juge. [** CPC, art. 200 et s.]
Section 3 : La preuve par présomption judiciaire	
Art. 1353 « Les présomptions qui ne sont point établies par la loi, sont abandonnées aux lumières et à la prudence du magistrat, qui ne doit admettre que des présomptions graves, précises et concordantes, et dans les cas seulement où la loi admet les preuves testimoniales, à moins que l'acte ne soit attaqué pour cause de fraude ou de dol.	**Art. 1382 – Appréciation des présomptions de fait** « Les présomptions qui ne sont pas établies par la loi, sont laissées à l'appréciation du juge, qui ne doit les admettre que si elles sont graves, précises et concordantes, et dans les cas seulement où la loi admet la preuve par tout moyen.
Section 4 : L'aveu	
Art. 1354 « L'aveu qui est opposé à une partie est ou extrajudiciaire ou judiciaire.	**Art. 1383 – Définition de l'aveu** « L'aveu est la déclaration par laquelle une personne reconnaît pour vrai un fait de nature à produire contre elle des conséquences juridiques. « Il peut être judiciaire ou extrajudiciaire.
Art. 1355 « L'allégation d'un aveu extrajudiciaire purement verbal est inutile toutes les fois qu'il s'agit d'une demande dont la preuve testimoniale ne serait point admissible.	**Art. 1383-1 – Admissibilité et force probante** « L'aveu extrajudiciaire purement verbal n'est reçu que dans les cas où la loi permet la preuve par tout moyen. « Sa valeur probante est laissée à l'appréciation du juge.
Art. 1356 « L'aveu judiciaire est la déclaration que fait en justice la partie ou son fondé de pouvoir spécial. « Il fait pleine foi contre celui qui l'a fait. « Il ne peut être divisé contre lui. « Il ne peut être révoqué, à moins qu'on ne prouve qu'il a été la suite d'une erreur de fait. Il ne pourrait être révoqué sous prétexte d'une erreur de droit.	**Art. 1383-2 – Aveu judiciaire** « L'aveu judiciaire est la déclaration que fait en justice la partie ou son représentant spécialement mandaté. « Il fait foi contre celui qui l'a fait. « Il ne peut être divisé contre son auteur. « Il est irrévocable, sauf en cas d'erreur de fait.
Section 5 : Le serment	
Art. 1357 « Le serment judiciaire est de deux espèces : « 1° Celui qu'une partie défère à l'autre pour en faire dépendre le jugement de la cause : il est appelé «décisoire». « 2° Celui qui est déféré d'office par le juge à l'une ou à l'autre des parties.	**Art. 1384 – Cas d'ouverture** « Le serment peut être déféré, à titre décisoire, par une partie à l'autre pour en faire dépendre le jugement de la cause. Il peut aussi être déféré d'office par le juge à l'une des parties.

Sous-section 1 : Le serment décisoire	
Art. 1358 « Le serment décisoire peut être déféré sur quelque espèce de contestation que ce soit. **Art. 1360** « Il peut être déféré en tout état de cause, et encore qu'il n'existe aucun commencement de preuve de la demande ou de l'exception sur laquelle il est provoqué.	**Art. 1385 – Admission** « Le serment décisoire peut être déféré sur quelque espèce de contestation que ce soit et en tout état de cause.
Art. 1359 « Il ne peut être déféré que sur un fait personnel à la partie à laquelle on le défère. **Art. 1362** « Le serment ne peut être référé quand le fait qui en est l'objet n'est point celui des deux parties, mais est purement personnel à celui auquel le serment avait été déféré.	**Art. 1385-1 – Objet** « Il ne peut être déféré que sur un fait personnel à la partie à laquelle on le défère. « Il peut être référé par celle-ci, à moins que le fait qui en est l'objet ne lui soit purement personnel.
Art. 1361 « Celui auquel le serment est déféré, qui le refuse ou ne consent pas à le référer à son adversaire, ou l'adversaire à qui il a été référé et qui le refuse, doit succomber dans sa demande ou dans son exception.	**Art. 1385-2 – Conséquence du refus** « Celui à qui le serment est déféré et qui le refuse ou ne veut pas le référer, ou celui à qui il a été référé et qui le refuse, succombe dans sa prétention.
Art. 1364 « La partie qui a déféré ou référé le serment ne peut plus se rétracter lorsque l'adversaire a déclaré qu'il est prêt à faire ce serment. **Art. 1363** « Lorsque le serment déféré ou référé a été fait, l'adversaire n'est point recevable à en prouver la fausseté.	**Art. 1385-3 – Rétractation et preuve de la fausseté** « La partie qui a déféré ou référé le serment ne peut plus se rétracter lorsque l'autre partie a déclaré qu'elle est prête à faire ce serment. « Lorsque le serment déféré ou référé a été fait, l'autre partie n'est pas admise à en prouver la fausseté.
Art. 1365 « Le serment ne forme preuve qu'au profit de celui qui l'a déféré ou contre lui, et au profit de ses héritiers et ayants cause ou contre eux. « Néanmoins, le serment déféré par l'un des créanciers solidaires au débiteur ne libère celui-ci que pour la part de ce créancier. « Le serment déféré au débiteur principal libère également les cautions. « Celui déféré à l'un des débiteurs solidaires profite aux codébiteurs. « Et celui déféré à la caution profite au débiteur principal. « Dans ces deux derniers cas, le serment du codébiteur solidaire ou de la caution ne profite aux autres codébiteurs ou au débiteur principal que lorsqu'il a été déféré sur la dette, et non sur le fait de la solidarité ou du cautionnement.	**Art. 1385-4 – Force probante** « Le serment ne fait preuve qu'au profit de celui qui l'a déféré et de ses héritiers et ayants cause, ou contre eux. « Le serment déféré par l'un des créanciers solidaires au débiteur ne libère celui-ci que pour la part de ce créancier. « Le serment déféré au débiteur principal libère également les cautions. « Celui déféré à l'un des débiteurs solidaires profite aux codébiteurs. « Celui déféré à la caution profite au débiteur principal. « Dans ces deux derniers cas, le serment du codébiteur solidaire ou de la caution ne profite aux autres codébiteurs ou au débiteur principal que lorsqu'il a été déféré sur la dette, et non sur le fait de la solidarité ou du cautionnement.

Sous-section 2 : Le serment déféré d'office	
Art. 1366 « Le juge peut déférer à l'une des parties le serment, ou pour en faire dépendre la décision de la cause, ou seulement pour déterminer le montant de la condamnation. **Art. 1368** « Le serment déféré d'office par le juge à l'une des parties ne peut être par elle référé à l'autre.	**Art. 1386 – Office du juge** « Le juge peut d'office déférer le serment à l'une des parties. « Ce serment ne peut être référé à l'autre partie. « Sa valeur probante est laissée à l'appréciation du juge.
Art. 1367 « Le juge ne peut déférer d'office le serment, soit sur la demande, soit sur l'exception qui y est opposée, que sous les deux conditions suivantes ; il faut : « 1. Que la demande ou l'exception ne soit pas pleinement justifiée ; « 2. Qu'elle ne soit pas totalement dénuée de preuves. « Hors ces deux cas, le juge doit ou adjuger ou rejeter purement et simplement la demande. **Art. 1369** « Le serment sur la valeur de la chose demandée ne peut être déféré par le juge au demandeur que lorsqu'il est d'ailleurs impossible de constater autrement cette valeur.	**Art. 1386-1 – Condition** « Le juge ne peut déférer d'office le serment, soit sur la demande, soit sur l'exception qui y est opposée, que si elle n'est pas pleinement justifiée ou totalement dénuée de preuves.

Index alphabétique

Cet ouvrage a été achevé d'imprimer
dans les ateliers de Leitzaran (Espagne)
Numéro d'impression : 337 – Dépôt légal : juin 2016